生命，因閱讀而大好

你的愛情需要人間清醒

寫給每個在愛裡迷路的大人，
50則停止內耗的戀愛心法

金月 김달——著
張召儀——譯

사랑에 관한 거의 모든 기술

PREFACE

有些事，現在的你必須懂

即使已經脫離青澀，遇見形形色色的人際關係，
仍然有許多人對愛情和緣分困惑不已。
不過，在現實生活中，
那些深藏於心的敏感問題，
往往難以向外人啟齒。

雖然人與人之間會交織出無數種可能，
但問題的解決之道其實殊途同歸。
只要掌握幾項原則和技巧，並抱持正確的心態，
就能做出明智的決斷，減輕內心的紛擾與憂慮。

遺憾的是，這些至關重要的概念，
在我們的成長過程中卻鮮少被提及或教導。
因此，我認為需要有一本專門為大人而寫的書，
探討戀愛的技巧與關係的力學。

從初次相遇、建立關係、維持愛情，
到偶爾出現的衝突應對、分手或復合，
以及最終走向婚姻的每一步——
依循關係的起承轉合，
我深入思考了許多人感到困擾的問題和解決方法。
隨著文字的推進，你將會發現：
那些看似複雜的愛情與關係，其實有清晰可見的脈絡。

這些概念，有助於日後更靈活地應對關係的起伏，
在愛情與人生中從容前行。

不少人以為，只要有「愛」，
就可以解決感情路上一切的崎嶇難題。
殊不知，在情感凌駕理智的情況下，
反而會陷入扭曲而不健康的關係裡，
甚至企圖用錯誤的「直覺」去解讀他人的心思。

和其他的情境比起來，
愛情與人際關係，
其實更需要理性的態度和邏輯性思維。
唯有如此，才能恰如其分地傳達出心意，

洞察對方的真心，
然後進一步地化解衝突和危機。

這本書，涵蓋戀愛萌芽時須掌握的概念、
互相了解時務必牢記的重點，
亦談到該如何在矛盾與爭執中守住本心，
以及在決定結婚、邁入婚姻生活後該謹記的原則。
從相知、相愛到相守，
書裡囊括了所有你應該提早領悟的戀愛技巧。

世上最大的幸福，
就是能與理想的對象結伴同行。
但若反過來看，

與他人錯綜複雜的愛恨糾葛，也最讓人心力交瘁。

愛情是一門需要學習的學問，
在徒留悔恨之前，我們應該認真思索，
主動掌握戀愛的竅門。
誠摯地期盼這本書，
能助你建立並維繫良好的關係，
讓生命因此更加豐饒與溫暖。

Chapter 1 愛情穩定的條件
——不浪費金錢、時間與精力的戀愛技巧

Chapter 2
衝突的原因
——不讓爭吵導致關係決裂

Chapter 3

分手與復合的法則

——勇敢放下曾經相愛的回憶

Chapter 4
婚姻，一段新的開始
——結婚，不是選擇最愛的對象就好

Chapter 1

愛情穩定的條件

——不浪費金錢、時間與精力的戀愛技巧

戀愛萌芽的階段，必須懂得調整步調

別讓自己成為一無所有，
只能向對方示好的人。
為了避免類似的窘境，
至少要努力達成三個條件。

一位在近期經歷過兩次短暫戀愛的人，分享了自己的故事。兩段戀情，都是由對方主動提分手，還說出類似的話：

「我沒有自信回報你給我的愛，真的很抱歉。」

接連聽到這樣的說法，讓他忍不住自我懷疑：

「問題是不是出在我身上？」

假如對方真心喜歡你，就算有哪些地方不滿意，也會嘗試和你一起改變。然而，對方只是單方面整理好情緒，就直接提出分手，這樣的行為，代表他們其實愛得不夠深。

以我自身的經驗來看，戀愛的成敗，往往取決於相識初期抱著怎樣的心態。失敗的戀情，都是在一開始就愛得無法自拔，竭盡所能地向對方示好，滿心想著：

「怎麼做才能讓對方更喜歡我呢？我甘願為他付出所有，那麼，他是不是也會用同樣的方式待我？」

反之，談得較為順利的戀愛，通常沒有這種無條件犧牲的想法。並不是我不愛對方，而是我沒有被愛沖昏頭，以至於看不見身邊的事物。結果，這樣的戀情反倒走得更長久，彼此也過得更幸福。

與異性來往時，若過於專注在「向對方示好」，反而會削弱自己的魅力。因此，別讓對方察覺你極度渴望維持這段關係。當然，我指的不是在交往後要表現冷淡，更不是要你當個壞情人。

我想強調的是，在關係初期，必須懂得適當調整步調。假如一開始就傾注過多的感情，很容易讓對方望之卻步。

很多人正是在這個階段犯了錯。畢竟，喜歡一個人時，就會忍不住想對他好，這是所謂的人之常情。

有個詞叫作「高嫁」（Hypergamy），
也就是「向上婚配」，
意指本能地期望尋得比自己更為優秀的伴侶。

這或許是多數人內在的一種本能。此處所謂的「優秀」，涵蓋了各種面向。在階級社會裡，指的可能是身分地位、經濟能力、外貌，或是能精準地察覺戀人的需求。從這個觀點來看，一般能讓異性產生好感的人，通常擁有以下三個條件：

✦具備經濟能力
✦擁有對方沒有的特質
✦相處時能讓人感到愉快和自在

若三項條件都具備，無疑是最理想的狀態。不過，若離這三項條件尚有一段距離，卻還是想和對方交往，那麼唯一的方法，就是毫無保留地付出與示好。

這時，許多人就容易產生錯覺，
認為「世上不會再有第二個人對我這麼好」，
就此深陷愛情的泥淖。

殊不知，對方之所以傾盡全力對你好，
很可能是因為沒有其他拿得出手的東西。

懂得精打細算的人，會在自己蒙受損失之前，
盡快結束這段關係。

因此，別讓自己成為一無所有，只能向對方示好的人。為了避免類似的窘境，至少要努力達成上述的三個條件。千萬別覺得「不過是和某人交往而已，有必要做到這種程度嗎？」因為所有的努力，都不是為了對方，而是為了你自己。

此外，有些人在具備優秀的條件後，會開始變得驕矜自滿。他們自以為是，不把其他人放在眼裡，不僅態度高傲，對待異性還十分隨便。這種行為，最終只會讓自己落得形單影隻。

若想與人健康地交往，首先要具備適當的條件，而且自己一個人也能把生活過好。唯有如此，才能建立真正穩定的關係，然後全心全意為眼前的人付出。

關係初期
應該奠定的心態

能夠維持除了戀愛之外的人際關係，

並擁有自己的時間，就是最理想的戀愛模式。

懂得珍惜個人生活，

在戀人眼中也會顯得更加獨特。

假設有A和B兩個人，分別在和自己心儀的對象通電話。

A：「我和朋友在咖啡廳聊天。」

B：「我和朋友來美術館。」

兩個人之中，誰比較具有吸引力呢？答案正是B。因為地點不是咖啡廳，而是美術館嗎？場所不同，或許有一部分影響，但就算把咖啡廳改成居酒屋，將美術館改成欣賞演出或音樂劇，答案也不會改變。

此處的核心在於，美術館之類的行程，大多會優先考慮與戀人同行，但B卻是選擇和朋友一起去。

當然，有些人會因對方未選擇自己，內心默默感到失落。通常是年紀還小，或者用情至深時，較易出現類似的心境。但是，任何人只要到了一定年紀，有過戀愛經驗，就會更欣賞在生活上保有餘裕的對象，而不是每天纏著自己、要求自己陪伴的人。擁有這樣的心態，不代表不喜歡對方，只是態度和表現上更為成熟。

此處有兩個關鍵：

①就算不是和戀人一起，也能自在地前往美術館或欣賞表演。

②談戀愛時，依然保有自己的時間，而不是只忙著和戀人約會。

而對方也會意識到這兩點。

戀愛最基本的原則，
就是要接受對方不需要
和你共度所有的時間。

這是最困難也最不可或缺的心態，唯有如此，兩人才能在各自追求成長的同時，繼續長久地相愛下去。能夠維持除了戀愛之外的人際關係，並且擁有自己的時間，就是最理想的戀愛模式。此外，保有個人生活的你，在戀人眼中也會顯得更加獨特。

如何分辨
曖昧不明的心意

當你感覺兩人的關係已發展到一個階段時，
不妨主動牽起對方的手，
藉此就能一探對方的心意，而結果將會在次日揭曉——
不能只看當下的反應，隔日的相處氛圍才是關鍵。

「和理想的異性相處過一段時間，確認雙方都有好感，好像可以開始進入穩定期，所以我改變了彼此聯絡的頻率。以前我們經常聯絡，但現在我把重心放在工作上，逐漸拉長聯絡的間隔。後來，對方也以相同的頻率回覆，有時甚至一整天都沒消息。

『欸，再這樣下去，曖昧會不會就結束了？』

我也突然開始感到不安，懷疑對方是不是真的喜歡我。」

交往初期，最大的煩惱就是「無法確認對方的心意」。是否只有自己單方面投入？對方也認真看待這段關係嗎？滿腹疑問得不到解答，讓人不知該如何是好。前述的案例，當事人亦遭遇類似的困擾。

那些不諳戀愛之道的人，
往往緊抱著一套自以為理想的「愛情劇本」。

只要事情沒有按預期的劇本發展，
內心就會開始感到焦慮和不安。

對方很可能是基於其他原因，才減少聯絡的次數，但有些人卻認為這樣的結果是自己所造成。例如因為我不常聯絡，所以對方才變得冷淡；或者誤以為只要自己降低聯絡的次數，對方就會變得更加積極。

若總是抱著患得患失的心，就算順利與對方交往，也會被自身的想法束縛，在倍受煎熬的情況下，導致兩人的關係破局。因此，與他人交往時，必須懂得放寬心，順其自然地看待並接納對方的行為。

你是否曾有過這樣的經驗：明明是同一個人，昨天見面時，覺得他魅力四射；今天再見，卻又覺得平淡無奇；等到隔天再碰面，心裡的感受又落在兩者之間，既不特別心動，也說不上沒感覺。

情感猶如波濤，起伏變幻，難以預測。
我的心緒時而激昂奔騰，時而沉靜，對方亦然。
因此，我們無法單憑任何既定公式，
揣測或掌握對方的心思。

在交往初期，切勿操之過急，嘗試讓自己冷靜下來，多觀察對方的情況。若實在無法分辨對方的心意，忍不住感到鬱悶，有一個方法可以確認彼此的情感。

當你覺得兩人的關係已發展到一定的階段時，不妨主動牽起對方的手，如此就能知道對方的心意，而結果將會在次日揭曉——不能只看當下的反應，隔日的相處氛圍才是關鍵。

牽手的瞬間，無論是誰都會有些緊張，若尚未摸清自己的心意，還可能表現得十分慌亂。不過，在回到家冷靜之後，內心的感受會逐漸清晰。若發現自己真心喜歡對方，那麼從第二天起，態度就會明顯有所不同。

相反的，在牽手之後，第二天的氛圍變得有些尷尬，或者雙方的態度漸趨消極，就代表對方很可能沒那麼喜歡你，彼此的關係便是時候畫下句點。

不管對方如何回應，

自己一個人也要把生活過好。

唯有如此，

才能獲得對方的尊重。

聊天訊息中，
藏著關係的答案

許多人在與心儀的對象聊天時，
會用毫無意義的訊息填滿視窗，
試圖不讓對話中斷，
幻想著「只要繼續保持聯絡，
總能等到撥雲見日的那天吧」。

「我是一名大學生，最近喜歡上和我同一屆的朋友，我們已經持續聯絡了三週左右。每次傳訊息過去，都要過一陣子才會收到回覆，但我們之間的對話從未斷過，有時他也會主動和我聯繫。請問我有可能和他發展成情侶關係嗎？」

假如在傳訊息互動時，對方回覆的時間拉得有點長，但聯繫又從未中斷過，那麼建議著重觀察幾個細節。舉例說明如下：

①當天的對話結束後，隔天以新的話題繼續聊

A：我有點睏了，晚安！明天再聊～

B：好啊，晚安，做個好夢～

—隔天—

A：公車怎麼還不來，我要遲到了！

②當天的話題延續到隔天早上

A：明天有考試，但我一直無法專心念書。

B：已經很晚了，你打算讀到幾點？

—隔天—

A：昨天睡著了，現在才看到訊息。

感受到兩者的差異了嗎？第二種情況，是對方隔天仍針對前一日的對話進行回覆，如果是這種模式，和對方發展成情侶的機會不大。反之，如果話題是在當天結束，隔天開啟新的對話，就比較有可能發展成戀人關係。

若渴望維持一段關係，通常會在視窗中等待對方回覆，尤其當訊息出現「已讀」標示時，更是很難把視線從手機上移開。因此，如果在聊天的途中，對方忽然停止回覆，這就是非常明顯的信號，代表你在對方心中沒那麼重要。

許多人在與心儀的對象聊天時，會用毫無意義的訊息填滿視窗，試圖不讓對話中斷，幻想著「只要繼續保持聯絡，總能等到撥雲見日的那天吧」。

斷斷續續、言不及義的日常閒聊，
又有什麼意義呢？
關係的答案，
其實早就存在你的聊天視窗裡。

當曖昧的關係
瀕臨危機時

男女之間發生爭執的最大原因，
往往是因為預設的行程被打亂。
面對類似的情境，如果能稍微轉換想法，
很多衝突其實可以避免。

對彼此有好感並持續聯絡的兩人，決定在休假時一起去旅行。然而，就在出發前夕，其中一方卻取消了行程。女方是位美髮設計師，因為工作用的剪刀出問題，必須利用休假的空檔去修理；而男方因女方爽約而大動肝火，無法理解她為什麼不用其他剪刀代替，氣到不看對方傳來的簡訊。後來，女方再次傳訊息道歉，甚至附上了新買的剪刀照片做證明。

現在對兩人來說，是非常關鍵的時刻。女方再次道歉，而且還傳了照片輔助說明，或許已抱著「我就做到這裡，再不行我也沒辦法」的決心，瀕臨忍讓的極限。

假如男方想繼續維持這段關係，此時就要立刻結束衝突，主動修復兩人的關係。否則相同的情況一再反覆、拖延，對方也無法再忍讓下去。男女在交往的初期，可能會因性格差異而出現矛盾。

男生在女生心情不好時，
通常能多次低頭示好、努力化解不快。
但女生卻不同，不管在什麼情況下，
她們都期盼對方優先給予情感上的共鳴與理解。

雖然是女方先打破約定，但她仍希望對方能理解工具壞掉的情況，甚至進一步對自己的煩惱給予共鳴。

「那怎麼辦？你有沒有受傷？剪刀可以送修嗎？」

如果能先這樣問一句，就算女方原本沒有心動的感覺，也會馬上對男方產生好感。此外，日後男方若不慎犯錯，女方也會願意多加體諒。

然而，在前述的案例中，男方不僅無法理解對方的立場，而且還生氣地拒回訊息。在互相懷有好感、持續聯絡的階段，沒有人希望碰到心胸狹隘的對象。假如相同的情況一再發生，女方對男方的幻想也會徹底破滅。

當然，是女方先違背了約定，但她已主動向男方道歉，事情應該就此打住。如果繼續計較下去，讓矛盾和衝突一而再、再而三地擴大，關係就不可能有機會復原，男方還會被認定成是只在乎個人計畫、不顧他人感受的自私鬼。

站在男性的立場，或許會覺得難以理解，也有不少人認為「我根本做不到」。但是，如果你有一位想追求的女性，那麼在接近對方之前，不如先從理解多數女性共通的感受與需求入手，會是更保險且安全的做法，因為沒有人會對包容力強的人反感。

試著發揮同理心，輕鬆看待問題。

一開始要「裝作無所謂」，可能會讓人感到疲憊不堪，但隨著練習的累積，最終就能漸漸學會坦然以對。

追根究柢，男女之間發生爭執的最大原因，往往是因為預設的行程被打亂。面對類似的情境，如果能稍微轉換想法，很多衝突其實可以避免。

這週的旅行計畫因故取消？那麼延到下週再出發也無妨！反正都是和相同的對象結伴，只是時間晚了一點而已。仔細想想，其實根本沒必要因這件事吵得面紅耳赤。

此外，另一個值得探討的點，是對方在職場上非常敬業。也許你願意為了約會暫時放下工作，但對方卻不一定。這不是「優先順序」的問題，別認為「在她眼裡，工作比我重要」，應該換個角度想：

「在某些層面上，她十分重視自己的工作。」

若內心保持從容，就能以不同的視角來看待對方和事件，許多問題也會迎刃而解。

在情緒警報響起前，迅速地撲滅火苗

懂得掌握「時機」非常重要，
只要察覺對方的情緒呈現「黃燈」狀態，
就應盡可能地給予共鳴與體諒。
如此一來，她的心情很快就能轉為「綠燈」。

男女長期相處，壓力也會隨著時間逐漸累積。尤其在精神和體力方面，女性往往更容易感到疲憊。假設男方對伴侶表達了感謝，但對方卻冷冷地回應：

「今天怎麼突然講這種話？」

自己的感激是出於善意，聽見這樣的反應，難免覺得委屈或生氣。

然而，其實很多人不了解，此時女生正處於「紅燈」狀態。亦即，她不是討厭對方說的話，而是因為心情低落，已沒有力氣好言好語。因此，懂得掌握「時機」非常重要，只要對方的情緒顯示為「黃燈」，就應盡可能地給予共鳴和體諒。如此一來，她的心情很快就能轉為「綠燈」，恢復良好的溝通。

假如對方的情緒處於「紅燈」狀態，很難光憑一句話就讓她的心情好轉。當對方持續吐出帶刺的言語時，只要再一次溫柔地詢問：

「怎麼了？發生什麼事了嗎？」這麼做，或許就能讓她的情緒轉為「綠燈」。

相處時的摩擦，
大多起因於「我先釋出善意，
對方應該馬上變成綠燈才對」的思維。

很多人在說話時，不會留意對方的情緒處於何種狀態。他們自認為已鼓起勇氣，理解並安慰過對方的辛勞，所以對方應該無條件轉為綠燈。因此，當對方依然處於紅燈狀態時，他們就不敢再次靠近。

接著，為了避免爆發爭執，他們會選擇直接低頭道歉。雖然道歉是出於真心，但對於情緒正值紅燈狀態的人來說，心情並沒有那麼容易平復。

在傳達自身想法前，應該先觀察對方的心情。假如他希望獲得道歉，那麼就算自己處於紅燈狀態，也要努力化解心結，雙方的關係才有可能恢復如初。

最重要的是，在日常生活裡，應隨時向對方表達自己的感謝與歉疚。在對方的情緒轉為黃燈之前，先道出內心的謝意或歉意，很多問題就會煙消雲散。

關係是雙向的，比起一味付出關愛，謹記日常中的感謝與道歉才是關鍵。

與異性聯繫時
最常見的錯誤

假如你已深深愛上對方，
而對方也積極給予回應，
此時，便需要讓自己「慢半拍」。

別興高采烈地頻繁與對方聯絡，
要懂得適時調整互動的節奏。

「和新交往的對象關係進展得非常快，但我也因此感到不安。早上起床時，發現對方沒有回我的訊息，卻一直在刷 Instagram。於是，我又發了訊息過去，他才回我『剛起床』。是我太小心眼了嗎？應該理解並放下這件事嗎？」

先設想一下現代人的日常吧！很多人早上醒來後，不是先回覆訊息，而是習慣瀏覽社群媒體。他或許看到了訊息，但選擇洗漱完後再回覆，這並不是件奇怪的事。提問者目前正處於熱戀期，所以早上一睜開眼，就迫不及待地想與對方聯繫，並渴望即時獲得回應。但是，男方只是按照自己的步調過日子，兩人之間的情感深度未必相同。

無法理解這種情況的人，主要是在戀愛中相對投入、付出較多的一方，而且少有被他人深愛的經驗。因此，他們總是以個人情感為標準去看待問題，優先重視自己的情緒。不過，何時回覆訊息，完全取決於對方的意願。

有兩點務必謹記於心：
第一，值得交往的人，通常不會輕易口出惡言。
第二，不會無緣無故捏造事實。

雖然這麼說有些刺耳，但對方或許還沒有愛你愛到一睜眼就想馬上聯絡的程度。因為不想造成雙方不愉快，所以他只說自己「剛起床」，也沒有捏造虛偽的事實或藉口。

在遇到自己喜歡的對象時，我們總是會因為愛得太深，而希望自己能成為對方心中的第一順位。在戀愛初期，對方回應迅速、聯絡頻繁，會讓人感到非常雀躍，覺得自己終於遇到對的人。原以為對方和自己抱有相同的情感，但從某一刻開始，他突然疏於聯繫，這樣的情況讓人無所適從，忍不住感到失落。

假如你已深深愛上對方，而對方也積極給予回應，此時就需要開始調整節奏。與其每天興高采烈、頻繁地傳訊息給對方，倒不如放慢步調，讓對方也有機會等待你的聯繫，正如你翹首期盼的一樣。

歸根究柢，問題往往出在「執著」。
你之所以執著於對方的聯繫，
是因為，相較之下，你愛得更深。
那麼，該怎麼做才好呢？
只要放下心中的執念，問題自然會迎刃而解。

那麼，要如何才能不執著呢？
關鍵在於有意識地保持內心的從容。

這樣一來，不僅是對戀人，連看待他人的視角也會變得寬容。內心不再糾結，而是想著：「對方這麼做，肯定有他的理由吧！」

暫時把兩人的關係，從人生的優先順序上排除，不必刻意去減少聯絡的頻率，也不要單方面去揣測對方的心意。只要按照自己的步調，維持與對方的聯繫即可。

「我有我的方式，你有你的做法」，終有一天，待對方的感情逐漸加深時，自然會跟上你的步伐。倘若最終仍無法同行，那麼只要把關係整理清楚就好。

追根究柢，

男女之間衝突的最大根源，

往往是計畫無法如期進行。

若能稍微轉換想法，

許多爭執其實都能避免。

只要換個角度看事情，

就不必鬧到面紅耳赤。

對方的煩惱
不是你的責任

面對困境，

有些人更重視對方是否

願意傾聽、理解並給予共鳴；

相反的，有些人只在意問題能不能解決。

A即將邁入三十歲，正因轉換職場而處於困境，對自己的職涯和未來感到迷茫。B很希望自己能成為伴侶的支柱，但或許是年紀小了五歲，總覺得無法成為對方真正的依靠。

看到這樣的情況，多數人可能會想：「還是安慰對方比較好吧？」話雖沒錯，但我們必須謹記，每個人對於安慰的態度並不相同。

✦①類型：重點放在問題能否解決。

✦②類型：比起解決問題，更重視對方是否願意傾聽、理解並給予共鳴。

通常對於①類型的人來說，「擔心」改變不了現狀，即使收到對方的安慰，他們也會覺得「不過是隨口說說」。因此，別急著採取行動，給對方一點時間去處理問題，這麼做才是最好的應對。換句話說，不積極地站出來幫忙也無妨。

若對方平常不太提及個人私事，且性格屬於冷靜的類型，就更要謹慎以對。因為當另一半開始插手幫忙時，兩人無可避免地需要進行真摯的對話，這對當事人來說，反倒會成為一種負擔。

相反的，若對方屬於②類型，那麼就算無法成為依靠的對象，也至少要讓對方產生「因為你，我才得以撐下去」的感受。不過，想達到這種程度並不容易，尤其是剛交往的情侶，需要充足的時間來累積情感與信任。

其實，B雖然為對方的情況感到擔憂，但此刻的A很可能沒有特別的想法。就算知道伴侶在擔心自己，A頂多也只會覺得「對方比我想像的要善解人意」，但不會就此深陷，甚至到了隔天就忘得一乾二淨。大多數①類型的人，就是如此粗枝大葉。

因此，如果你的伴侶屬於①類型，建議採取靜觀其變的態度。別把事情想得太複雜，專注於兩人的約會時光就好。亦即，即使對方一整週都被工作壓得喘不過氣，但只要想到週末能和你一起放鬆玩樂，就足以讓他感到慰藉。

當對方遭遇困境時，
與其絞盡腦汁地幫忙解決問題，
不如成為對方休戚與共的存在。

若寂寞成了戀愛的理由，愛情只會讓你更孤單

試著拋下「和某人在一起，就能擺脫孤單」的期待。
因為身邊的那個人，
可能是讓你加倍孤單的變數。

在歐洲旅行途中相識的兩人，目前正談著遠距離戀愛：男方在歐洲工作，女方則住在韓國。最近，男方因公事繁忙，與女友的聯繫逐漸減少，女方因此感到孤單，甚至開始懷疑自己是否真的身處一段戀愛關係中。姑且不論這些情況，女生本來就個性敏感，更容易感受到寂寞。

有些男生特別擅長分辨對方是否容易孤獨，能察覺對方是一個人也能自在生活的類型，還是屬於需要伴侶時時陪伴。

其實，這種事就算不說，身邊的人也能自然而然地察覺。

「我很容易覺得孤單。」

這種話對男生而言，或多或少有些壓力。

相較於女性，男生較少覺得自己生活在孤獨之中。他們雖然也會感受到孤單，但多半認為這是一閃而過的情緒，不至於想用戀人來填補空虛。此外，許多男生無法理解「戀人不在身邊時的孤單感」，假如對方提起這種感受，他們往往不曉得該如何應對。

經常把「我很孤單」掛在嘴邊的人，即使身邊有人陪伴，也還是會覺得孤單。男生曾建議正在休息、暫時不用上班的女友，到自己所在的國家找份工作。女方雖然下定決心飛往國外，但問題是，只要抵達對方所在之處，就再也不會感到孤單了嗎？結局很可能是加倍的孤獨。

想要經營好一段感情，首先得學會獨處。
若習慣過度依賴他人，
那麼即使走入婚姻、生兒育女，依然可能感到孤單，甚至讓整個人生失去光彩。

無論做出何種決定，都必須以自己為優先，並拋下「和某人在一起，就能擺脫孤單」的期待。因為身邊的那個人，可能是讓你加倍孤單的變數。

示好的表現，看起來毫無魅力

「示好難道也有錯嗎？」

若一味迎合對方，反而容易引起反感，

那並不是真正的關懷或體貼。

以為放低姿態就能博得對方歡心，

其實只是自以為是的錯覺。

「我們從朋友發展成戀人，大約交往了一個月。在朋友階段時，我們相處得很自在；但自從開始交往後，他凡事都想迎合我，變成一個沒有主見的好好先生。我覺得既鬱悶又煩躁，時間能解決一切嗎？」

時間無法解決任何問題，而且隨著時間推移，你會更加覺得對方缺乏魅力，因為當事人的行為很難改變。他在你面前的表現，正是過去累積下來的戀愛模式，只是他不知道這些行為會讓對方倦怠，形成一股無形的壓力。

或許有人會問：「示好也有錯嗎？」若對方的行為，不僅僅是照顧或關懷，而是像個隨從一樣唯唯諾諾，這種過度的低姿態就足以引發伴侶的反感。

不停對一些無關緊要的事道歉，
凡事強調「我都可以」，只想順著戀人的意。
即便對方已明確拒絕，仍堅持幫忙提包包，
處處表現出卑躬屈膝的態度。

當然，這些行為的出發點，的確是為了對方著想。不過，認為自己放低姿態、一味地迎合，就能贏得對方歡心，完全是一種錯覺。尤其在男女關係中，很多人反而更喜歡對方展現從容、自信的一面。

假如另一半喜歡這種示好的態度，那麼繼續維持下去也無妨，這代表兩人非常契合。但在多數的情況下，這種行為並不能讓異性產生好感。

在試圖改變伴侶前，
先想想自己能夠接受哪種程度的示好，
這會是更明智的做法。

尤其第一次遇到這種類型的人，很可能會感到困惑：究竟是對方缺乏魅力？還是我不夠喜歡他？假如對方人品不錯，也會捨不得就此分手。但是，如果一直處於不平等的關係裡，內心會隱約感到煩躁，長期累積下來，必定十分難受。

在交往初期，如果想判斷兩人是否合適，需要耐心地觀察對方幾次。若對方是因為喜歡你才那麼做，不妨用更寬容的心去看待；倘若實在無法接受，屆時再考慮結束這段關係也不遲。

相處愈久就愈膩的男性類型

他們經常覺得自己已投入很多感情，
但對方卻沒有同等的付出。
心中的困惑與不滿逐漸高漲，
開始質疑「她為什麼這樣對我？」

男方總是想和女友黏在一塊，當女友有其他事需要處理，他也會一直等到對方行程結束為止。有一次，女方久違地和朋友見面，聚會時喝了一點酒，時間也拖得比平常晚。通話時，她問男友：

「你吃飽了嗎？」

「還沒。」

已經過了晚餐時間，女方擔心地勸男友趕快吃點東西。然而，等到聚會結束、兩人再度聯絡時，男友依舊還沒用餐。雖然他表示無所謂，但女方卻非常在意，因為平時只要她走自己的行程，男友的日常就會因此而停擺，讓她倍感壓力。

有些人愈是相處，就愈容易讓人感到厭煩，舉例來說：

情侶一起看電視時，節目裡剛好介紹到住家附近的美食店，女方曾經吃過，但男方還沒有機會造訪。

「我有去過那間店，覺得沒有像節目上介紹的那麼好吃。」女方說道。

這時，對方通常會怎麼回應呢？

「是喔？看來不用特別跑一趟了。」

那麼，讓人愈相處愈膩的類型，一般會如何作答？相信有很多讀者猜想：

「你跟誰一起去？為什麼沒找我？」

但答案不是這個，真正討人厭的說法是：

「電視上介紹的美食店都是套好的業配。」

亦即，他不會直接表現出嫉妒，而是徹底否定那項被讚美的事物。

讓我再舉一個例子，假設女友迷上了電影裡的男主角，該名演員真的非常帥氣。

「哇，這個男主角的身材好棒！」

一般情況下，男友可能會開玩笑地說：「你都快要貼到螢幕上去了！」以帶點調侃的嫉妒來回應。假如完全不吃醋，女友可能會有些失落；如果過於認真，反而會顯得很可笑。那麼，在相同的情境下，讓人厭煩的男性通常會怎麼回應呢？

「哇，這個男主角的身材好棒！」

「那種身材不是光靠運動就能練出來，他一定有服用藥物。」

感覺到了嗎？這種反應，會讓對方瞬間無話可說。明明是情侶間日常的玩笑打鬧，可以輕鬆帶過就好，但他卻自顧自嚴肅起來，而且還否定了所有事物。

此外，這類型的人，經常覺得自己已投入很多感情，但對方卻沒有同等的付出。於是，心中的困惑與不滿逐漸高漲，開始質疑「她為什麼這樣對我？」。他們從未意識到，是自己用不當的方式表達愛意，才會得不到對方的回應。

當然，他們的行為並非出於惡意，只是不知道如何表達心中濃烈的愛，習慣隨著情緒行動和發言。很多時候，他們還沒發現自己做錯了什麼，就已經與戀人漸行漸遠。

在許多情況下，
我並不喜歡那種，只是一味展現其「愛意」，
卻不懂得如何真正去愛的人。
我欣賞的，
是能用一種讓我理解並由衷感到契合的方式來愛我的人。

拋下「和某人在一起，

就能擺脫孤單」的期待。

因為身邊的那個人，

可能是讓你加倍孤單的變數。

想走得長久，
有些事比親密行為更重要

「我知道他應該是喜歡我的，
但為什麼他總是只用自己的方式來表達親密？
讓我不禁懷疑，自己是不是不夠重要……」

「對方渴望擁有一段『細水長流的愛情』，但我不懂這是什麼意思。仔細想想，他很有包容心，總是努力配合並接納我最真實的模樣。不過，這些對我來說很困難，究竟該怎麼做，才能像他一樣接受並包容對方呢？」

一段「細水長流的愛」，指的是什麼呢？或許是「希望你待我的方式，能夠如同我待你一般」。

「感受到我對你的心意了嗎？但願你也能用相同的方式待我。」大概就是這樣的意思。亦即，他用包容的態度接納對方，也希望對方用相同的態度對待自己。

有些人非常重視被認可。舉例來說，當對方完成一點小事就開始邀功或洋洋得意時，你可能會覺得不以為然：「這點事值得那麼驕傲嗎？」但是，如果你試著給予認可並加以稱讚，他就會更努力地付出。

很多人即使喜歡對方，往往也無法真心給予認可，甚至對讚美顯得非常吝嗇。不是愛得更多的一方，就會懂得表達情意；付出的愛不夠多時，就不擅長表現情感——這完全是兩碼子的事。如果一個人得到對方的愛，卻沒有同時獲得認可，就很容易產生這種想法：

「對方應該是喜歡我的，但為什麼他只用自己的方式來表達親密，有時讓我覺得自己好像被忽略了一樣呢？」

比親密行為更重要的，
是接納並認可對方最真實的模樣。

方法其實很簡單，只要說出對方想聽的話即可。面對男女關係，很多人經常摸不著頭緒，但你心儀的對象，早就明確點出自己渴望的事物，不是嗎？因此，只要順著對方的期待去做就好。

值得對方用一生
去愛的人

若發現自己的情緒開始失控，

對方就不是你生命中的良人。

然而，很多人反倒認為自己遇見了「真愛」。

整天都握著手機等待，一有訊息就立刻回覆，而且不斷猜想「對方在做什麼」，極度渴求對方的憐愛。是因為愛得太深，才會如此感情用事嗎？

有不少人相信，這種情況才是所謂的「真愛」；以理性判斷，專注於個人事業，穩定又自在地交往，反倒被認為不是「真愛」——然而，實際上正好相反。

喜歡和對方擁有親密接觸，
覺得兩人的約會特別開心，
只想一直守候在對方身邊……
如果你也這麼想，就應該讓自己冷靜下來。
因為這些念頭，很可能是人生崩毀的前兆。

若發現自己的情緒逐漸失控，其實對方就不是你生命中的良人。遺憾的是，很多人出現類似的心境，反倒認為是遇見了「真愛」。當你成長到一定年紀，開始考慮結婚對象時，切勿和會打亂生活步調的人交往。即便對方與你心意相通，做決定時也必須非常謹慎，因為這樣的關係，無異於兩人手牽手一起跳進火坑。

懂得分辨優先順序的人，才值得你認真交往。工作時就專心工作，即使戀人傳來了訊息，也會提醒自己「等手邊的事告一段落後再回覆」。與這樣的人長期相處，才能一邊經營個人生活，一邊學習培養感情。

未來的你，可能也會在眾多對象之中，挑選一位共度餘生。若仔細觀察，能夠經營健康的戀情、維持婚姻幸福的人，通常不會被一時的情感席捲。

若問他們為什麼選擇和現在的伴侶結婚，答案多半不是「因為非他不可，沒有他我就活不下去」，而是「他是個不錯的對象」——這個答案非常現實。當然，他們很愛自己的另一半，但還不至於被愛情沖昏頭，忘記自己應盡的責任，甚至失去理性的判斷。

聽完上述論點，可能有人會想：

「但我的朋友就是因為另一半太理性，所以過得很痛苦啊！」

當然沒錯，但你必須知道，和無法控制情緒的人一起生活，遠比和理性的人一起度日更痛苦。若沒有親身經歷過，絕對難以體會和陰晴不定的人相處，是一件多麼煎熬的事。或許，那些覺得對方太理性的人，正是因為自己不懂得如何管控情緒。

理性的人，通常會盡力維持關係的穩定，這樣的對象較適合走入婚姻。相反，那些愛得毫無顧忌、轟轟烈烈的人，經常隨著自己的情緒起舞，很可能不懂得為關係付出。因此，如果你真心為雙方著想，就必須試著平衡內心的理性與情感。

理性戀愛聽起來很矛盾，在知易行難的情況下，很多人都用錯誤的方式接近他人，或者無法果斷結束一段走偏的戀情，白白浪費了大好光陰。這些情感，一點一滴地侵蝕人生，但當事人卻絲毫沒有察覺。此外，也有很多人未曾意識到，戀情其實會對工作和生活產生極大的影響。

應該先掌握理性的戀愛方式，
再試著全心全意投入感情。
很多人本末倒置，
從一開始就拋開理性，瘋狂地去愛一個人，
以至於最終嚐遍愛情的苦果。

理性戀愛來自於經驗的累積，因此，每當愛火熾烈燃燒時，都應該提醒自己用理性去思考，練習戰勝情緒。假如無法做到這點，那麼未來的感情生活，恐怕也難以走向真正的幸福。

若你打算用盡全力去愛眼前的人，讓這段關係有好的結果，請務必先認真工作、享受自己的興趣與愛好，追求自我成長。接著，再像專注於個人領域一樣，把精力投注到感情上。學會壓抑本能，將對未來的人生大有助益，不僅能鍛鍊出精準的識人眼光，更能吸引到合適的對象。

別只是追求個人的情感滿足，真正的戀愛，要讓人生變得豐盈。唯有如此，才值得對方用一生去愛。

突破曖昧階段的關鍵行動

女性認為，

即便在交往的過程中再慢慢加深了解也無妨。

相對地，男性則大多在對各方面有相當程度的掌握後，

才願意開始發展關係。

因此，從女性視角看來，戀愛初期，

男方的某些舉動可能顯得曖昧不明。

女方確信自己與主管之間互有好感，但某一天，主管卻說出：「我只把你當妹妹。」選擇在這段關係中退後一步。儘管她仍對兩人未來抱有期待，但若這注定只是一場沒有結果的曖昧，或許早點斷了心中的念想，反而更好。然而，真正要放下，卻遠比想像中困難，讓她深感困擾。

為什麼男人的心會突然冷卻呢？每次收到甜蜜的訊息，女人的心就會小鹿亂撞，而這些男人也全都看在眼裡。但遺憾的是，當女人開始表露好感，而且深陷在曖昧的漩渦裡時，男人卻很快就失去了興致。

在初期互動時，
男人需要一種完成挑戰任務般的感覺。

若只是像開外掛一樣，輕鬆取得所有道具，就毫無樂趣可言。
進入新的領域時，稍有不慎就會陣亡——
這種緊張感，才能讓男人心跳加速、手心冒汗，並且更加投入。

因此，當男方表現出好感時，盡量不要反應過度，有時還必須刻意冷淡，讓他發現自己還需要察言觀色，甚至對此有些忐忑。不是只要一味推開對方就好，真正的關鍵，在於別輕易讓對方發現你已對他著了迷。

「非你不可」的信號，應該當作最後的手段，而且是在面對自己真心想留住的對象時才動用。男人的態度，往往會根據對方的行為而有所改變，通常可分為兩種情況：

①我喜歡男方，而他也按照我的心意走

如果對方屬於這種類型，只要按自己想要的方式行動即可。

②我喜歡男方，但他總是不按牌理出牌

大多數的曖昧屬於這種類型，而且男方通常戀愛經驗豐富。此外，他們也有一定的社會歷練，對人性的各種特點瞭若指掌，案例中的主管就是如此。

某天，女方喝了一點酒，在深夜打電話給主管。隔天，她又發了一則「自認為」坦率的長篇訊息給對方，表達自己的情感。但是，就男方的立場來看，只覺得這是年輕的女孩思想不成熟，不懂得調節個人情感，才會一股腦地宣洩情緒。

他最初表達的好感，其實並沒有女方想像中那麼多。在眼神交流的過程中，單純的好感也可能被視為真心。但是，如果女方像苦等許久一樣，馬上接受對方的善意，甚至期待更迅速、更明確的信號，那麼經驗豐富的主管可能會想：「我是不是招惹到一個幼稚的女人？」情感的節奏不一致，就會讓男方感到負擔。

通常，男生對異性產生好感時，會先試探彼此的界線，隨後才進一步發展成交往關係。因此，對男性來說，互相了解的「好感階段」非常重要。

相較之下，女性大多認為交往後再慢慢了解對方也無妨。如果對方的行為不符期待，她們會認為可以之後再透過溝通來解決。而男性卻恰好相反，在開始交往之前，他們會試圖模擬可能發生的各種情境，在摸清對方的特質後再正式交往。因此，女性往往會覺得男性在互有好感的初期，表現得有些曖昧不明。

這時，女性如果已經開始幻想與對方交往，急於採取進一步的行動，就容易顯得草率和冒失。例如雙方尚處於互相了解的階段，女方卻表現得像正宮一樣，出現各種吃醋、失望或黏人的行為，那麼不僅不會讓感情升溫，還會削減男方對這段關係的信心。

因此，如果心儀的對象不按牌理出牌，
就要往反方向思考和行動。

戀愛是雙向奔赴，
千萬不能只按自己的步調前進。

「我有我的方式，你有你的做法」，

抱著循序漸進的心態，

切勿操之過急。

待對方的感情逐漸加深時，

自然會跟上你的步伐；

倘若最終仍無法同行，

那麼只要把關係整理清楚就好。

Chapter 2

衝突的原因

——不讓爭吵導致關係決裂

當對方讓我感到窒息時

明明心裡早有答案，卻故意提問，
想觀察對方怎麼回應。
當一個人總是帶著「試探」的心態，
往往會讓對方感到疲憊甚至厭煩。

「每次談戀愛，男友都說我讓人倍感壓力，甚至有快窒息的感覺，到底是哪裡出問題了呢？我覺得很委屈。從過去的戀愛經歷中，能看出一些端倪嗎？」

根據她的說法，前男友慣性說謊。交往初期，男友曾辦過喬遷派對，同時邀請了男性和女性朋友前來作客：女性友人負責準備洋酒，而男性朋友則負責購買紅酒——這些是男友親口告訴她的。

然而，過了一陣子後，她在男友家看到洋酒和紅酒的空瓶，隨口一問：「這是誰買來的啊？」男友卻回答：「紅酒是朋友送的，洋酒不知道是誰帶來的。」於是，她再度反問：「你不是說是女性朋友送的嗎？」這時，男友才表示：「我怕說是女生送的，你會不開心。」

還有一次，她在男友書桌的抽屜裡，看到一張他和女性在法國旅行時的合照。在直接詢問照片裡的人是誰之前，她先試探性地問道：「你以前是和朋友一起去法國旅行嗎？」男友回答：「我自己一個人去的。」後來，她再打開抽屜時，就發現那張合照不見了。

這就是她所謂的「男友慣性說謊」。看完這些，你有什麼想法呢？仔細想想，其實也不是什麼嚴重的欺騙，男友很可能只是怕女方誤會或多心，才刻意編造「善意的謊言」。

不過，當事人總是抱著試探性的態度，也就是「我已經知道真相，看看你怎麼回答」。

嘴上說相信對方、喜歡對方，
卻不斷用懷疑或試探性的言語和行為相待。
這樣的態度，

會不會就是讓對方感到厭倦的主因呢？

舉例來說，假設你和戀人一起走在路上，偶然碰見了他認識的異性朋友，雙方簡單地打個招呼就各自離去。對戀人而言，對方可能只是以前有過一面之緣的朋友，所以覺得沒必要特別介紹給你認識，雙方也只是互相點頭致意而已。

當然，你一定會好奇對方是誰，和戀人是什麼關係。當你詢問時，他或許會覺得那個人不重要，隨便敷衍幾句帶過，甚至可能因為時間久遠，記憶已模糊不清。但是，碰到相同的情況，案例中的當事人會立刻起疑，並且不斷地追問。

別認為對方盡在你的掌控之中，
也別試圖打探對方所有的隱私。

允許彼此的關係中保有一些空間，
雙方才能自在地呼吸。

嘗試站在對方的立場思考看看吧！假如戀人一直問東問西、反覆確認，甚至一而再、再而三地試探，你會完全不感到厭倦，只覺得他「太愛我了」嗎？既然選擇交往，就應該給予充分的信任。試著換位思考，許多問題就能自然化解。

若你打算用盡全力去愛眼前的人，
讓這段關係有好的結果，
請務必先認真工作、享受自己的
興趣與愛好，追求自我成長。

不回訊息的男友

千萬別拿聊天訊息當作衡量愛情的基準，
若希望兩人的關係長長久久，
就應該學會尊重彼此的時間與空間。

某對情侶在工作結束後，主要透過通訊軟體互相聯繫。然而，男方經常好幾個小時不回訊息，當女方問他在做什麼時，他只回答自己在瀏覽網頁和觀看 YouTube。因此，女方忍不住懷疑：

「那他應該有看到我傳的訊息，是故意選擇忽略嗎？是不是不喜歡我了？」

難以坦率表達真心的人，
其實遠比想像中還要多。
可能是擔心對方的反應，
也或許是不懂得如何表達。

基於各種原因，許多人無法向對方傳達內心真正的期待與需求。不管是否處於熱戀期，下班後屬於自己的這段時光，對許多人而言非常珍貴。尤其能夠不受打擾、自由自在地打電玩或觀看YouTube，更是工作結束後最大的慰藉。

或許你會覺得：「不過就回個訊息而已，有那麼難嗎？」但是，和戀人的對話，通常不是簡單的幾句寒暄，有可能會一直聊到睡前，所以不能把「回訊息」視為一種理所當然的行為。

將自己的想法傳達給對方並不容易，因為很容易引起誤會。在前述的案例中，當事人不也開始懷疑對方是否變心了嗎？但愈是如此，戀人就會愈難以啟齒。

回顧一下你和戀人之間的聊天紀錄吧！
老實說，大部分的內容都沒什麼意義，不是嗎？
為什麼要對那些無關緊要的話題如此執著？
不妨讓彼此利用這段時間，做些更具生產力的事。

另外，關於「對方是不是不喜歡我」的想法，其實是單方面的過度焦慮。如果他不喜歡你，又怎麼會答應交往呢？

戀人之間的聯繫固然重要，有時也會想和對方聊些甜言蜜語。但是，千萬別拿聊天訊息當作衡量愛情的基準，若希望兩人的關係長長久久，就應該學會尊重彼此的時間與空間。

如何避免爭吵導致關係破裂

對許多男性來說，
最不想從女友口中聽到的就是：
「我們聊聊吧。」

「吵架時我說的話有些過分，男友表示自己很受傷。幾個小時後，我想透過溝通來解決爭端，但男友卻整整一個月都不和我說話。後來我實在忍不住，就跟他說：『我們聊聊吧！』」

當事人的男友原本應該沒打算長期冷戰，但心中的怒氣尚未消散，女友就提出要溝通、和好，反而讓他把心門關得更緊。對男方而言，可能還需要一點時間消化情緒。

對許多男性來說，最不想從女友口中聽到的就是：「我們聊聊吧。」

女生說這句話的意圖，和男生接收到的意思並不相同。女生通常是在釋出善意，表達和解的意願，但男生卻不這麼認為。

大部分的男性喜歡快速切入重點，
很難忍受雙方要面對面坐下，
在沉重的氛圍裡展開對話。

因此，若想盡快與男友和好，化解彼此的心結，與其要對方「坐下來聊聊」，不如直接點出結論。如果是自己的錯，就坦率向對方道歉；假如不是自己的問題，不妨先輕輕放下，等雙方情緒平復後再進一步討論。就男性的立場來看，只要發現女友正在反省，為自己做的事感到抱歉，他們的情緒通常會慢慢穩定下來。

人們經常認為，吵架後應該積極地展開溝通。假如自己傷害到對方，讓對方倍感挫折，確實需要設法化解。但是，若執著於「一定要和好」，有時反而會加深彼此的矛盾。

當你低頭道歉時，對方很可能故意擺出不屑的表情，
因為心中的怒氣尚未完全消散。
然而，這樣的反應，並不一定出自真心。
若此時無法察覺對方其實已逐漸卸下心防，
反而還繼續嘔氣或爭辯，很可能轉眼就進入第二輪爭吵。

面對這種情況，如果稍微忍耐一下，男生也會開始感到歉疚。只要跨過這道關卡，雙方就能順利和好，接著再仔細傾聽對方說話即可。撐過這道關卡並不容易，但我們的目標是化解衝突，而不是另闢戰場，不是嗎？既然如此，不妨試著睜一隻眼、閉一隻眼，再多包容對方一點吧！多數的爭端，通常都能以這樣的方式圓滿解決。

「我已經考慮到對方的心情，率先示好、主動退讓了，實在無法

再忍耐一次！」假如你有這樣的想法，那麼或許你們的個性真的合不來。

「我覺得自己做得不對，真的很抱歉，等你心情平復後再聯絡我吧！」

其實只要這樣一句話，就已充分表現出道歉的誠意。接著，只要耐心等待對方回應即可，也就是把主導權交到對方手上。從男生的角度來看，若遲遲未給予答覆，感覺就像是個心胸狹窄的人；其次，他會意識到「若不主動聯繫，這段關係可能會就此結束」。當然，他也會好奇女友說的「做得不對」，具體指的是哪些部分。在好奇心與愧疚感的驅使下，男方較有可能打開心房，主動尋求對話。

如果只是為了面子而堅持冷戰，爭吵就會愈來愈嚴重，演變成第二輪、第三輪的衝突，甚至就此分道揚鑣。倘若不是單方面的過失，那麼只要你率先道歉，對方也自然會產生愧疚。不過，若你已主動示好，對方卻始終沒有一絲歉意，就該思考看看這段關係是否值得繼續。

過度自戀或
自尊感低落的人

有些人只是單純地自我陶醉；
相反地，也有人因為自尊心過低，
但為了掩飾內心的不安，刻意表現得強勢。
無論是哪一種，都是難以長久相處的類型。

某位女性表示，男友屬於遷就和順從的類型，但偶爾還是會說出一些不動聽的話。每當此時，她就會無法抑制心中的怒火，經常情緒失控，對男友大發雷霆，好幾次吵到差點分手。過去與他人交往時，這個問題也一直存在。她希望改變自己的性格，但實際上並不容易。該怎麼做才能改善這種情況呢？

可以從兩個方面來分析：

①過度自戀的情況

②自尊感低落的情況

有些人純粹是自我陶醉，有些人則是因自尊感過低，為了掩飾而刻意裝出強勢的模樣，兩者可謂完全相反。總的來說，不管哪一種，都是很難長期相處的類型。就前者而言，他們很可能以高高在上的姿態看待他人，而在這種情況下，如果遇到「社會條件強於自己」的對象，心中的優越感就會被打破。

過度自戀的人，在二十多歲時通常自信心爆棚，這個年紀應該多接觸不同的對象，但他們卻沒有意識到這一點。超過三十歲後，社交圈開始縮小，沒有機會交到新朋友時，他們會逐漸陷入焦慮，有些人甚至沒有做好準備，就急著步入婚姻。因此，自戀型的人，應該在二十多歲、交友機會廣的時期，學會調節自身的情緒。若總是在無意間傷害身邊的人，很可能會錯過值得珍惜的對象。

如果是自尊感低落的類型，就需要努力提升自信。在二十～三十歲這個階段，職涯才剛起步，正處於孤軍奮鬥、奠定社會地位的時期，自尊感通常相對脆弱。此時，多付出一些精力，一點一滴累積成果，或許就是一種解決之道。

當你對自己的工作感到驕傲時，不僅能在職場上獲得成就感，還有許多附加的好處。工作變得更有意義，你投注在職場上的時間就會變多，自然也會減少對愛情的執著與依賴。隨著成就感不斷提升、眼界更加開闊，在私事上便不會那麼容易動怒。

或許，這就是所謂的成長痛，是人生必經的過程。
但除了父母之外，沒有人會無止境地等你度過難關。
若不想在煩惱中虛度美好時光，
就要花一點時間好好地審視自我。
因為身邊那些珍貴的對象，
不會永遠為你停留。

戀人尚未做好結婚的準備

男性在尚未準備好的狀態下步入婚姻，
通常分為兩種情況：
第一種是未婚懷孕，
第二種則是全權由女方主導。

「我們是剛滿三十歲的情侶，已經交往了五年，男友說他還沒有結婚的念頭。因為工作過於勞累，他曾經罹患恐慌症，在休養的那段期間，經濟方面幾乎由我一肩扛起。男友似乎對結婚倍感壓力，我告訴他可以兩個人一起努力，但他的想法依舊不變。最後，我打算結束這段關係，但執行起來卻困難重重。」

在這種情況下，「我們可以一起努力」這句話，對男方而言幾乎沒有意義。男性在面對結婚一事時，無可避免地會感受到巨大的壓力與責任，即使女方再怎麼強調「沒關係」，這股壓力也不會有所減輕。

希望你能認真思考看看這個問題：

「是不是只要和他在一起，我就能從一無所有的狀態開始建立新生活？」

若對方的工作能重回軌道，固然是喜事一件，但若事與願違，女方很難獨自承擔生活的壓力。即使下定決心成為家裡的經濟支柱，但婚後還有生產及育兒問題要面對，情況將截然不同。在多數情況下，增添家庭成員的階段，男方會變成家中唯一的經濟來源；若男方長期在家休養，女方就必須思考自己是否有能力填補這個空缺。

男性在尚未準備好的狀態下步入婚姻，通常分為兩種情況：第一種是未婚懷孕，第二種則是全權由女方主導。不過，後者只有在女性比男性多付出二～三倍的努力時，才有可能實現。一邊安撫、引導男方，還要一邊安排雙方家長見面、籌備婚禮細節等，願意這麼做的人實在不多。

歸根究柢，結婚的關鍵在於「具備基本的經濟能力」，

如果你有結婚計畫，
交往初期就應該確認對方是否有結婚的意願，
並了解他是否已做好準備。

這些道理大家都很清楚，但當你非常喜歡一個人，或者不確定自己未來能否再遇到更好的對象，內心就會開始動搖。人的情感難以說斷就斷，所以即便知道兩人不可能走入婚姻，也很難做出分手的決定。因此，最後經常會陷入爭吵，不管婚有沒有結成，都只留下遺憾與後悔。

與另一半分手後，短時間內可能很難找到合適的結婚對象。屆時，你一定會忍不住想：「早知道當初就別分手了」、「如果我們再努力一點，或許就能順利結婚」，但現實絕對不是你想的那樣。

必須和眼前的對象做個了結，
人生才能展開新的篇章。
即使再難受，也要勇敢做出決定。

分手本來就很煎熬，
但拖得愈久，日後分開時只會更痛苦。

請別單單追求個人的情感滿足，

真正的戀愛，

要讓人生變得豐盈。

唯有如此，

才值得雙方用一生去愛。

若對方有分離焦慮，就難以共創未來

如果你珍惜的另一半，

無法理解你為未來所做的規畫，

那麼這段關係還值得維繫嗎？

即使你想繼續走下去，恐怕也難以如願。

「是我重要，還是工作重要？」

這種二選一的問題聽起來有些幼稚，但經常在情侶間的對話中出現。有時只是想確認對方多愛自己，有時也可能真的需要在兩者間做出抉擇。

一位二十四歲的男性，申請了學校提供的海外就業補助，並且成功錄取。他告訴女友：

「這是個很好的機會，我想去試試看！」

大家或許都猜到了女友會如何反應。

「那我怎麼辦？要我一個人在這等你嗎？」

男生要去服兵役時，也會碰到類似的問題，但兩者的情況有些不同。兵役是無可避免的義務，但是否前往海外工作，選擇權完全在男方手上。

此時，女友吐露了自己的心境：

「我一個人孤零零的，只能單方面等你的消息，這讓我覺得自己很卑微。」

這種類型的人，通常具有分離型焦慮，
他們容易對另一半過度執著，
並且在分隔兩地時陷入極度的不安。
和這樣的對象交往，
很難互相尊重彼此的計畫，
維持一段健康的戀愛。

針對這個問題，兩人的對話一直在原地打轉。男方表示自己想去國外闖闖看，女友則不停反問：「難道要我等你嗎？」男方自認為已明確地表達立場，亦即「我真的很想去，請你等我」，但女友既沒有答應，也沒有要求分手，態度相當模糊。

這種情況可謂在預料之中，兩人無法進一步討論的原因，在於男方自己也拿不定主意——雖然他很想去國外試試看，但女友的反應不太好，於是他也開始猶豫不決。

有一點可確定，男方其實不想放棄海外就職的機會，也因此感到苦惱。那麼，選擇出國就是正確的決定，沒必要花精力去說服對方。尤其在二十多歲的年紀，幾乎不可能讓對方完全理解自己的立場。

此時，建議採取更明智的說法：

①「我想去試試看，請你等我。」（×）

②「我想去試試看，如果你不想等我也沒關係。」（〇）

如果你開口要求對方等你，她可能會說：「那你不如別去，這樣我就不用等了。」好像只要再多說服幾次，你就會放棄出國的念頭，再怎麼討論也得不出結果。因此，你必須明確傳達「我就是要去」的決心，這樣對方才會意識到「說什麼都無法改變」。此外，大方地表示「如果你不想等我也沒關係」，反而有可能讓對方心甘情願地等候。

總是給對方留有餘地，
他就可能緊咬不放；
但如果你立場明確、不提供其他選項，
他反而不會繼續糾結。

或許你會認為，對方喜歡一個凡事都願意配合或順從的人，但這種做法，長期下來便會顯得缺乏魅力。如果只是因為談戀愛，就放棄自己的計畫或夢想，眼下對方雖然會感到開心，但日後你會發現這種犧牲根本毫無意義。我不是勸你一定要分手，而是希望你為了自己的未來，去做眼前該做的事。若彼此情緣未盡，即使短暫地分離，未來仍有機會相遇；若兩人緣分已盡，就只能勇敢地接受現實。

如果你珍惜的另一半，無法理解你為未來所做的規畫，那麼這段關係還值得繼續嗎？就算你想繼續走下去，恐怕也難以如願。你有自信未來不管做什麼，都要百分百考慮另一半的感受，並且努力說服對方嗎？

真正理智且愛你的人，就算再怎麼不捨，也會尊重你的選擇、默默為你加油，然後一起找出方法，在分隔兩地的期間繼續維持關係。如果只是因為「自己不喜歡」，就要求你放棄一切，這樣的對象不僅無法成為人生的助力，也不可能成就真正的幸福姻緣。

總是感到失落的女人，總是不願傾聽的男人

其實，她只是想確認並
感受愛情的溫度，這種性格特質很難強行改變。

一對三十多歲的情侶已約定好走入婚姻，但男方開始兼職後，兩人相處的時間愈來愈少。女方逐漸感到孤單，雖然她很愛男友，但還是忍不住懷疑目前的狀態是否適合結婚。有時，她也會覺得自己是不是不夠大器，居然無法理解男友的立場。

有些女性就像案例中的當事人一樣，經常感到失落和委屈。如果是二十歲出頭的年紀，可能會因無法經常見面而倍感失望，但隨著年齡增長，這種失落感也會逐漸減少。不過，上述提及的類型不太一樣，無論是二十歲、三十歲或四十歲，她們都很容易陷入多愁善感的狀態。

即使結婚十年、二十年，
甚至孩子都已長大成人，
多愁善感的人仍經常覺得失落，

所以不必試圖改變這樣的人。

站在女方的立場，假如無法判斷這場戀情是否該繼續，那麼只要考慮一點就好：

「不管我基於什麼原因感到失落，只要我說出口，他都會願意接納嗎？」有些人會選擇傾聽，有些人則是選擇忽略。看看身邊已婚的朋友，某些夫妻只是互相妥協，將就著過日子，某些夫妻則依然恩愛如初。那些婚後依然甜蜜的夫婦，相處模式最大的不同，就是當一方感到失落時，另一方願意理解和傾聽，並且耐心地安慰對方。

當然，站在男友的立場，有時也很難接受這種突如其來的負面情緒。不過，如果平時總是願意傾聽，只有偶爾一、二次沒有做到，對方也一定能理解：「他今天可能真的很累吧？」然後選擇放下並釋懷。因此，為了維繫兩人的關係，平時最好像儲蓄一樣，盡可能地累積耐心與包容。

「他能接納我的負面情緒嗎？」

「在我感到失落時，他願不願意聽我說話？」

多愁善感的女性，最在意男方的這些條件。

關於當事人的煩惱，答案其實很簡單：假如男友無法包容你失落的情緒，那麼就必須思考看看，在結婚之後，你能否一直壓抑自己的情感？如果你做不到，這段關係遲早會走向終點。因為這種失落的情緒只會與日俱增，絕對不可能減少。

約會次數
不是愛情的基準

在交往之前，兩人平日也會熬夜約會，
如今交往才不過兩週，
男方卻表示平日約會到凌晨的話，
隔天上班過於疲倦。

一對情侶因休假日不同，所以約好固定在週末抽一天見面。某次，兩人的休假日剛好都在平日，於是女方提議見面約會，男方卻想和朋友出去玩。在交往之前，兩人平日也會熬夜約會，如今交往才不過兩週，男方卻表示平日約會到凌晨的話，隔天上班過於疲倦。因此，女方開始懷疑男友是不是根本不想見面，她無法理解對方究竟是怎麼想的。

或許，男方不是不想和女友見面，也不是不喜歡對方，只是在為兩人的相處模式尋找平衡點。如果從一開始就把所有的休假時間拿來約會，那麼未來是不是只能一直持續下去？這樣的戀愛模式會讓人感到倦怠，而男方也已有所察覺。

他發現女友對約會的心態過於執著，例如一定要頻繁見面、長時間相處、休假日必須是兩人時光……等，對有些人來說，這種相處模式理所當然，但有些人卻不這麼認為。原本就已說好每週固定抽一天見面，其他的休假時間，他可能想留給自己的朋友。因此，男方或許只是想在交往初期，建立一種讓彼此都能接受的相處模式。

其實，他願意坦白告知自己想和朋友見面，反而是一種良好的信號。當然，在交往之前，他的熬夜陪伴也是出於真心。人們經常認為「他是不是覺得已經追到手，所以不珍惜了」，進而感到委屈和憤怒，但對方的行為，很可能只是為了不讓彼此倦怠，希望兩人的戀情走得長久。真正危險的類型，是內心抱著不同的想法，嘴上卻不說，始終表現出順從的態度。這種相處模式，可能會招致更壞的結局。

當一個人明明不願意，卻總是順從對方的意願，就會像影子一樣，不知不覺就消失得無影無蹤。
一旦愛情冷卻，便用潛水分手*的方式，不告而別。

那麼，是不是找一個「相處模式」與自己契合的人比較好呢？這裡有一點值得深思：你所謂的「契合」，是否意味著對方休息日一定要陪你？你的重要性必須高於他的朋友？

無論是誰，若發現對方過於執著地要求配合，都會變得更加抗拒和反感。因此，別企圖用戀愛來填補內心的空缺。

對方的陪伴，當下或許會讓人心生滿足，
於是你不斷地產生渴求，
但這樣的行為，最終只是在自我消耗。

＊指交往對象就像潛水一樣突然斷絕聯繫，自然而然地分手。

試著回頭審視內心的缺口吧！那些缺口，不是單靠戀人的話語或行為就能彌補的，你必須透過其他方式來充實自我。當你成為一個內心富足的人，心境自然變得從容，看待感情也會更加自在。

若想與人健康地交往，

首先要具備適當的條件，

而且自己一個人也能把生活過好。

唯有如此，才能建立真正穩定的關係。

男性過度執著的典型特徵

這個人之所以危險，
是因為他很清楚自己的「情感操縱」對女友有效，
所以故意提出分手作為要脅。
他知道，對方一定會為此陷入焦慮。

「男友經常懷疑我，或者對某件事窮追不捨。例如有一次我和朋友們一起喝酒，不小心按錯手機打給了男友，於是我馬上掛掉。後來，我有傳訊息告訴他是誤撥，但他不停地質問我『為什麼打了又掛掉』。最近，男友的執著開始讓我感到心累，該怎麼做比較好？」

女方已經據實以告，但男友卻無法接受，依然充滿了懷疑。總覺得對方是否有事隱瞞，所以才突然把電話掛斷；或者是不是做了虧心事，才會出現如此心虛的舉動。他陷入自己的想像，認定心中的推測就是事實，所以不斷地質問對方。將腦中虛構的情境套用到現實，無止境地起疑和追問——這就是某些男性過於執著，幾近於病態的典型行為特徵。

對女方來說，這根本不是需要詳細解釋的問題，所以她簡單地以幾句話帶過，但男友卻依舊悶悶不樂。接著，女方會覺得「我到底做錯了什麼」，兩人的爭執就此揭開序幕。在爭吵與和解的過程，男友又不斷糾結，指責女方的說法有矛盾，要求她解釋清楚。類似的情況一而再、再而三地上演，每次都要通話二～三個小時以上。

最近，男方甚至開始以「分手」之類的話試探，女方因為想挽留這段感情，所以逐漸變得焦躁不安。這段關係最危險的地方，在於男方知道「半威脅」的方式對女方有效，於是故意提分手來刺激她，讓女方陷入驚慌與焦慮。

男方認為，女方一定無法輕易答應分手，他十分清楚對方的弱點所在。

即便如此，女方依然強調：

「可是他有很多優點，所以我很猶豫要不要分手。」

戀愛不是要選擇「優點很多」的人，
如果他有致命性的缺點，
那麼優點再多又有什麼用呢？
別因為「他各方面都很好，只有這點不行」而隱忍，
必須堅決果斷，「因為有這個缺點，所以必須分手」。

環顧周圍，總是有些人在戀愛中受到不合理的對待，卻又無法斷然告別。他們並非害怕受到報復，而是因為對方在造成傷害後，又會歉疚地釋出善意，導致他們無法狠下心分手。這就是所謂的「煤氣燈效應」（Gaslighting），受到情感操控的人，會逐漸習慣而不抵抗。

長期處於這種狀態的人，往往聽不進勸告，反而會覺得「應該是

我沒解釋清楚，才讓他產生誤會」、「如果我進一步解釋，他的態度就會不一樣吧」。但是，如果男友的控制欲和執著已超出正常範圍，就必須認真思考這段關係還能不能繼續。

一個真正理智且深愛你的人，
即便心中萬般不捨，
依然會尊重你的抉擇，
並在背後默默支持你。
更重要的是，
他會與你一同尋求維繫之道，
在遠距離的考驗下，
仍能延續彼此的感情。

享受挑戰的男性 vs.
追求穩定的女性

多數人在選擇交往對象，
尤其是共度一生的伴侶時，
特別在意對方是否願意給予支持。

男方最近開始經營 YouTube 頻道，發展得相當順利。然而，女友不希望他成為 YouTuber，經常要求他放棄，兩人為此天天爭吵。除了 YouTube 外，女友也反對他出書或換工作，只希望兩人能安穩、甜蜜地生活在一起。

老實說，我不是很喜歡那種碰到自己難以接受或理解的事物，就二話不說直接拒絕的人。

假如我正在某個領域努力，
而且已經看到成果，
但對方卻一再要求我放棄，
這種情況有可能長期隱忍嗎？

這樣的人，其實遠比想像中還要多，他們通常希望對方什麼也不做，只把焦點放在自己身上。這對情侶交往了一年多，幾乎沒有和朋友們見面，女方認為「我都做到這樣了，你當然應該比照辦理」。

人生是由各種面向組成，
戀愛不過是其中之一。
然而，有些人卻把愛情擺在第一順位，
將其他事全拋諸腦後，
還希望對方也做到和自己一樣。

又不是兩個人單獨生活在無人島上，但對方卻要求放棄人生中各種有意義的挑戰，只望著彼此甜蜜地過日子。

假如兩人擁有相同的思維，或許不會造成問題。但是，若一方享受挑戰，另一方卻堅決反對，彼此就很難長久地走下去；結婚之後，甚至有可能爆發更大的衝突。因為一方熱衷於挑戰各種事物，但另一半不僅不支持，還處處打擊士氣，長此以往，再深厚的感情也會消磨殆盡。

很多人在選擇交往對象，尤其是人生伴侶時，會考慮對方是否支持自己的事業。這樣的人，才會願意為兩人的關係付出。當然，還是有極少數的人不懂得珍惜，但大部分的人，都會深愛著給予支持和信任的另一半。

有可能改變脾氣不好的人嗎？

一個男人決心做出改變的契機，

不在於對方比自己強勢，

而是因為看見了另一半失望的表情。

一對情侶分分合合了無數次，兩個人都屬於性格火爆的類型，吵架時總是口不擇言，然後互相指責對方：「先改改你的脾氣！」這種性格，很難在一朝一夕改變。因此，他們經常拿對方當藉口：「是因為你先發脾氣，所以我才跟著發火！」彷彿自己只是恪守「以眼還眼，以牙還牙」的原則。

在這方面，男女其實還是有所差異。女生若愛上一個脾氣暴躁、說話尖酸刻薄的男人，通常會思考該如何改變對方；相反的，男性一般不會花時間去改變性格火爆的女人，而是選擇直接分手。不過，根據另一半應對方式的不同，男方也有可能出現轉變。

當對方發脾氣時，
若以同樣的態度回應，結果往往適得其反。

用粗暴的言行互相對待，怎麼可能改善情況？

婚姻初期，我的性格也相當暴躁。後來，我發現讓一個男人決心做出改變的契機，不在於對方比自己強勢，而是因為看見了另一半失望的表情。

試想一下，每次發脾氣時，我最愛的她就會露出失望的神情。這種感覺，會讓人開始反思：「我是不是又犯錯了？應該做出改變才對。」

事件發生時，
我們應該提水滅火，而不是火上澆油。
如此一來，關係才能繼續維持。

學會控制脾氣，
不僅僅是為了戀愛，也是為了自己的人生。

假如總是把責任推給對方，要求「你先改變」，問題便永遠無法解決。就算是為了自己好，試著練習看看吧！當對方看到你的努力，一定會跟著收斂脾性。

個性太好，以至於缺乏魅力的女性

某些個性太好的女性，
反而會讓男人覺得「缺乏魅力」。
她們的共通點，就是表現得過於熱情，
讓對方明顯感受到自己的愛意。

「當我感受到自己被愛時，就會全心全意地付出，但男友就好像膩了一樣，反而對我提分手。」

「分手時，對方總是對我說『你人太好了』……」經常聽到這句話的女性，往往有個共同的特徵：在遇到心儀對象時，表現得過於熱情，讓對方明顯感受到自己的愛意。不料，此時男友卻開始嫌棄她們「個性太好，以至於沒有吸引力」。

戀愛時，男性和女性對「時機」的認知不同，女人只要看到男人充分表達出好感，就會認為自己應該毫無保留地付出。

然而，問題在於當女人認為「他已經很愛我」的時候，對男方來說，這段關係可能才處於互相了解的階段。女方認定自己已摸清對方的心意，但就男方的基準來看，這個階段才正要開始發掘女方的魅力，兩人的關係還不算穩固。於是，雙方的認知由此出現了分歧。

究竟，女人為什麼會誤以為「男友非常愛我」呢？因為在這段期間，她所展現出的面貌，對男人來說既新鮮又充滿魅力。

這樣的魅力，必須在關係深化的過程中持續，但是，女人一旦感受到男人的愛，就會卸下一切武裝，毫不猶豫地把自己的心交出去。這些行為在男人眼裡，反而變得不再令人著迷，失去了最初的那份悸動。

成年男女交往，通常在一～二個月內，就已把情侶之間該做的事都做完了。那麼，從這個時候開始，最重要的是什麼呢？

女人，會觀察這個男人如何對待自己，
開始期待「他會如何對我好」；
男人，會衡量自己如何對待這個女人，
不斷思考往後要不要持續。

對於個性太好、但缺乏魅力的女人，以及個性不夠完美、但渾身散發魅力的女人，男人的態度會有何不同呢？

舉例來說，假設女友約會時完全不打算付錢，若男人本來就覺得女友缺乏魅力，好感度很容易瞬間降低，甚至直接提分手。相反的，如果女友深具吸引力，那麼即使做出相同的行為，男方也會選擇包容與順從。在這種情況下，女方就可以確信自己對這段關係掌握了一定的主導權。

不過，大部分「個性太好的女人」，會在這種節骨眼上猶豫不決，擔心自己的行為導致分手。其實，有一點必須提前認清：會分手的話早就分手了！此處指的不僅是「付錢」這件事，而是整個關係的相處模式，也就是所謂的主導權。男人若真心喜歡一個人，無論對方願不願意分攤費用，他都會覺得對方充滿魅力。

真正的關鍵，在於把握彼此關係的深淺。
有些女人認為，自己很難不對男友付出全部，
但這樣的想法，其實就是愛得太深。

不妨試著放下內心澎湃的情感吧！有些人聽到這句話會質疑：「但我對男生不那麼在意之後，反而一直處於單身狀態。」為什麼要如此極端呢？我指的並非築起高牆，完全不理會異性，而是提醒你別過於患得患失、渴求關注，應該適當地保有魅力，讓對方總是能被你吸引。

女人，會觀察這個男人如何對待自己，
開始期待「他會如何對我好」；
男人，會衡量自己如何對待這個女人，
不斷思考往後要不要持續。

難以捉摸的類型 vs.
意料之中的類型

「他現在到底在做什麼呢？」
必須讓對方忍不住感到好奇，
而且比我更心癢難耐。
有些人總是急著聯絡、主動報告行程，
實在讓人厭煩！

男方總是很好奇女友的日常，也經常因聯繫不上而感到失落。某一次，女友表示要和朋友在外露營一晚，他雖然有些介意，最後還是勉為其難地答應。

其實，女方很討厭緊張兮兮的男友，對目前的狀態感到厭煩，甚至覺得對方已不再具有吸引力。不知不覺間，內心的熱情逐漸冷卻。後來，女方又突然改變計畫，把露營改成五天四夜的濟州島旅行，而且在出發前一週才通知男友。突如其來的變動讓男友非常生氣，兩人為此大吵一架，最後女方態度冰冷，仍然按照原訂計畫出遊。旅行期間，她幾乎不太和男友聯繫，回來後兩人又因同樣的問題爆發爭執，最終由女方提出了分手。

即使雙方的關係進入穩定期，還是要讓另一半對你充滿好奇，認為你依然具有吸引力，這一點非常重要。如果一個人將自己毫無保留地攤在陽光下，對方就不會再感到悸動，也會失去維持這段關係的欲望。

當然，戀人不是單純地去郊區旅行，而是和自己以外的朋友搭飛機去濟州島，這樣的計畫難免令人失落。但是，如果行程已無法變動，不如放寬心胸，帶著笑容送對方出遊。

當一個人決定抛下親近的戀人，和其他朋友去旅行，通常在知會對方時也會有所顧慮：「我和朋友約好去旅行，該怎麼說比較好呢？他會爽快地理解並同意嗎？」

這時，不妨利用對方心中的羈絆，
在關鍵時刻給予理解、做出退讓，
如此就能掌握關係的主導權。

讓正在和朋友一起旅行的女友，途中忍不住對自己感到好奇，時不時想著：「男友現在在做什麼呢？」換言之，必須讓外出的一方更加焦躁不安。有些男生會一五一十地向對方報告自己的行程，甚至瑣碎到令人厭煩。這種做法，完全失去了神祕感，就算女方不刻意聯絡，也能想像得到男友在做什麼，一點也沒有期待或心動的感覺。反之，如果出乎意料地大方，反倒會讓她不得不在意，甚至開始擔心：「男友是不是沒那麼喜歡我？」在戀愛中，必須成為一個讓對方無法完全放心的人。

行程難以捉摸，引人好奇的類型 vs. 行程一清二楚，毫無懸念的類型
沒有你也不受影響的人 vs. 為了你焦慮不安的人

不論男女，我們大多更容易被前者吸引。因此，談戀愛時，請別

完全揭露自己的情感，應適當地保留一些神祕。如果無法領悟這一點，那麼以後不管和誰交往，都很有可能被單方面牽著走。

Chapter 3

分手與復合的法則

——勇敢放下曾經相愛的回憶

對前任
還留有眷戀時

目前我正和新的對象交往中，
但總是不自覺地拿她和前任比較。
無論是外貌或性格，前女友似乎都更勝一籌。
我很猶豫這段關係是否要持續下去，
該怎麼選擇才好呢？

「我是三十歲出頭的男性，和前任交往九年後分手了。雖然我試圖挽回，但最後還是沒有成功，度過了一段痛苦的時光。目前我正在和新的對象交往，但總是不自覺地拿她和前任比較。無論是外貌或性格，前女友似乎都更勝一籌。我已經到了適婚年齡，開始懷疑自己是不是能和眼前的她走入婚姻，也很猶豫這段關係是否要持續下去。」

當事人和女友交往了九年後分手，但對方沒有明確揭露離開的原因，只說自己沒有信心和她結婚。男方在經濟上已有一定的基礎，不至於影響到婚姻生活。此外，他也努力嘗試挽回女方，並表示願意改進自己的缺點。不料，女方最後還是婉拒了復合的提議，她的心裡究竟怎麼想呢？

當事人在分手後，曾透過通訊軟體聯繫對方，我們或許能從中找出一些線索。某次，男方在微醺之際，發了訊息給前女友。

男方

最近天氣暖和許多了，對吧？不過早晚溫差還是很大，偶爾仍會覺得有點冷。我今天來到東草旅行，我們以前也曾一起來過，所以忽然就想起了你，想知道你最近過得怎麼樣。日夜溫差大，要記得保重身體，別生病了。希望你一切都好。

二十分鐘後，她回覆了訊息。

女方

我努力讓自己忙起來。

（不是「我很忙」或「我正在忙」，而是「努力讓自己忙起來」，這意味著她仍然需要刻意讓自己忙碌，才能勉強支撐下去。）

你也要好好照顧自己，願你過得順心。

男方沒有再繼續回覆。五日後，女方主動傳來了訊息。

女方

最近過得好嗎？天氣又冷了起來，不知道你的咳嗽會不會又復發。記得努力運動，好好實現心中的計畫，我相信你一定能做到，成為一名優秀的人才。期待聽見你的好消息。

我獨自去了一趟濟州島，想要一點一點地自我挑戰，勇敢向前走。

（特別強調是「一個人」去，以免引起誤會。）

從這些對話來看，兩人的關係似乎還沒結束，但為什麼女方卻選擇推開男方呢？據我推測，她的立場或許如下：

①女方對男友的感情尚未冷卻。

②在結婚之前，有些現實層面不得不納入考量。

③無法結婚的原因，很難對另一半解釋清楚。

兩人已交往九年，也到了適婚年齡，但女方覺得這段關係再維繫下去也沒有意義，所以毅然決然地提出分手。雖然我們不曉得真正的原因為何，但是對女方而言，光是依靠愛情，並不足以支撐婚姻。

當男方表示願意改善自己的缺點時，女方或許會這麼想：「這個男人，還只停留在戀愛思維啊。」因此，不管男方強調自己會如何改變，她都覺得繼續交往沒有意義。為什麼？因為對兩人而言，結婚早已不在選項之中。如果明知對方心意，卻還期待著有機會復合，那麼請先誠實面對自己的心，問問自己真正想要的是什麼。

你心底期盼的，是與前任重修舊好，抑或另與他人開展新戀情？
倘若是前者，那麼便應鼓足勇氣與對方聯繫，
探詢她內心真正的意向與感受。
然而，此舉的先決條件是：
你必須將兩人共有的未來，納入審慎周詳的考量。

女人絕對無法看透的「傲嬌型男人」

在一段缺乏真情實意的關係裡，
對方於你而言，
彷若人生長旅中的一座「中繼驛站」，
彼此不過是一段擦肩即逝的短暫緣分。

某對社內情侶，最初是因女生的告白而交往，戀情目前已持續一年多。然而，近期兩人因結婚的問題頻繁爭吵——女方想盡快步入婚姻，但男方卻沒有結婚的打算。由於是在公司內部誕生的情侶，所以身邊的同事總會詢問兩人的婚期，每當此時，男方就刻意板起一張臉。看到這一幕，女方覺得非常煎熬，在意見始終無法磨合的情況下，最終只好走上分手一途。

這個問題，或許與彼此的婚姻觀無關，很可能是男方從一開始就對女方沒有太深的感情。也許有人會質疑：「都交往一年了，怎麼可能沒感情？」但類似的情況，在日常生活中並非罕見。

女方主動告白，而男方也覺得這個女生還不錯，所以就順勢和她交往。由於兩人是社內戀愛，周圍的同事全都知情，不能隨便提分手；加上男方身邊沒有出現更合適的對象，於是這段戀情就不知不覺延續了一年。如果用更殘忍的話來形容，對男方而言，對方就是：「談戀愛還行，但未達結婚標準。」

對方喜歡我，可是我沒那麼喜歡她，
說到底，就是「食之無味，棄之可惜」。
在缺乏真情實意的關係裡，
對方就如同「中繼站」一般，
彼此不過是擦肩而過的緣分。

當女方主動表達好感，甚至讓人明顯地感覺到「她比較喜歡我」時，男方往往就不會再積極地付出感情，這就是男性的本能。相反的，那個總是讓人心緒不寧，在內心掀起波瀾的對象，對男性來說更具有吸引力。

即便知道這一點，有些人還是會想：「沒關係，只要我喜歡他就好。」但這樣的戀愛，若不是以分手收場，就是在關係中失去主導權，最後一味被對方牽著走。

若男方不願意推進這段關係，那麼你也無能為力，因為你沒有辦法掌控對方的心。不過，如今你已知曉他的想法，首先可以做的，就是清空留在腦海裡的那些美好回憶。

面對這種僵局，許多人會選擇自我安慰：「他其實是喜歡我的，只是不擅長表達，所以看起來好像沒那麼愛我。」然而，實際上他就是不夠喜歡你，付出的感情多寡，全都一清二楚地反映在行為上。

男人真心愛上一個女人時，
絕對不會出現「傲嬌」*的行為。
而且，若是以結婚為前提，
千萬別選擇「傲嬌型」的人。

當然，在「傲嬌型」的人當中，也有少數值得交往的對象，但這樣的人很難篩選出來。通常讓女性愛到無法自拔的典型「傲嬌」男性，在婚姻方面的風險相對較高，因為你根本無法摸清他真正的想法。此外，當一個人墜入愛河時，也會逐漸喪失理性的判斷，這才是最危險的地方。

或許很殘酷，但你必須學會接受現實——這個男人對你的感情，並沒有想像中那麼深。不過，若換個角度想，這段戀情雖然差點讓你的人生走偏，卻也是一次寶貴的經驗。有過切身之痛的你，往後將更能分辨「傲嬌型」的人，也算是累積到無價的智慧。

＊源自日本的流行語，意指外表高傲、言辭尖刻，但其實內心溫柔、容易害羞的性格。

當「橫刀奪愛」真實上演

別安排戀人和朋友們一起見面，
無緣無故埋下爭端的火苗。

「我和男友、閨密三個人常常一起見面，沒想到男友卻和我的閨密看對眼。後來，她常表現出故意刺激我的行為，甚至還很享受這種優越感。雖然事情已過去一年，但每次回想起來，我還是會感到憤怒，覺得自己有一種落敗的感覺。我是不是太執著了？該怎麼做，才能坦然地放下呢？」

講白一點，那位「閨密」其實還沒意識到自己挑男人的眼光有多差。你可以這麼想，對方面對兩性關係，連最基本的水準都沒有。一個男人如果已經有女朋友，卻還不斷對他人釋放曖昧信號，正常女性都會果斷地拒絕。可是，閨密不僅沒有迴避，還默默接受對方示好。這種人平時是怎麼談戀愛，又是和什麼樣的男人交往，由此可見一斑。

事情已過去一年，但當事人只要回想起當時的情況，依舊忍不住責怪自己。不過，這件事從頭到尾都不是她的責任，更不是應對失策所產生的問題，而是男友未遵守道德底線，閨密也沒有識人的眼光。但是，為了以後不再遇到類似的情況，希望當事人能記住這點：

盡量別安排戀人和朋友們一起見面，正所謂世事難料，人心更是難以捉摸。

隨著交往時間愈來愈長，難免會碰到戀人和朋友同在的場合。這時，男性須特別留意，有些人會在無意之間，對朋友也做出類似戀人間的舉動，例如幫忙夾菜、倒水、推門、拉椅子、開車門……等。即使這些行為只是基於習慣性的禮貌，但戀人在身邊時，最好避免對其他人展現過分的體貼。當然，我指的不是態度冷漠或粗魯，而是要懂得拿捏好分寸。

舉例來說，假如你和女友的閨密們一起聚會，用自己的手機幫大家拍照。拍完後，某位朋友請你把照片傳給她。如果要分享照片，就必須詢問對方的聯絡方式，或者在通訊軟體上互加好友。這時，該怎麼行動比較合適呢？正確的做法是告訴女友：「我先傳給你，你再幫我傳給大家。」

這麼做既不失禮貌，又能保持適當的界線，無論是在朋友或戀人眼裡，都會覺得你「很懂分寸」。這種行為上的細微差異，往往決定了一段關係的成敗。

當然，與戀人的朋友們親近也是好事，但前提是必須獲得另一半支持，否則，保持適當距離才是最明智的做法。

讓分手的痛苦
化為生命的養分

自信是構成一個人內在力量的核心，
但絕非來自虛妄的自我想像。
唯有透過踏實的努力與成長，
才能在愛情中自然展現出穩重與從容。

男方是個心思細膩、容易胡思亂想的人，經歷一段分分合合的漫長戀愛後，他開始對愛情感到厭倦，不再輕易向他人敞開心扉，也不再熱情地與人交際。男子在心中築起高牆，很少有人能走進他的心裡。

後來，他偶然認識一位女性，對方非常喜歡他，主動靠近並向他示好。男子心想：

「她這麼喜歡我，應該會比我更努力經營這段關係吧？」

男子接受了對方的告白，但是，不到一個月，這段關係便宣告終結。兩人的問題究竟出在哪呢？

這個案例，就是多愁善感的男性在戀愛時的典型樣貌，如果想擺脫反覆分手的惡性循環，就必須更加坦誠地面對自己的情感。針對這種類型的男生，我的建議是：當你真心喜歡女方，就應該主動靠近；若沒有喜歡到願意交往的程度，就不要輕易推進彼此的關係。此外，如果希望與對方建立穩固的情感，自己也必須積極付出，而不是仰賴單方面的努力。

對方的心思意念，從來不是我們所能掌控；
而一味地為此焦慮，亦絲毫無助於解決任何問題。

「她這麼喜歡我，應該會比我更努力經營這段關係吧」——這些，不過是你個人的想法，愛情從來就不會按照公式發展。

那麼，從女方的角度來看，為什麼這段關係不到一個月就結束了呢？原因很可能與男子想的不同。在與他深入交談後，我發現另一項新的事實：兩人的離別，除了他不夠愛對方之外，還因女生總是充滿自信，導致男子在她面前，不自覺地感到畏縮和膽怯。

男子的個性細膩又謹慎，在女友眼裡是個溫柔且善良的人。不過，真正交往後，她發現每到關鍵時刻，男友總是缺乏熱情與真誠，讓她感受不到男性應有的魅力。

案例中的男子，應該坦率地面對自己的心。如果想讓關係順利發展，就要展現出主動積極、充滿男子氣概的一面。況且對方已率先示好，其實大可以表現得更有自信一點。

一個人的整體精神面貌，常因自信與否而大相逕庭。然而，必須謹記，真正的自信絕非源自自我膨脹；必須透過實實在在的努力積累而成。如此，方能在異性面前，自然流露出沉穩從容的樣貌。

你是否曾有過痛苦的戀愛經歷，以至於自信全失？其實，這些經驗完全可以作為成長的養分，也是自信的泉源——關鍵在於你如何解讀。

粉碎並消化痛苦，以此當作墊腳石，讓自己更上一層樓吧！當你真正戰勝挫折時，回首一望，將會發現自己變得比以前更加堅強。

現實或許殘酷，

但你終究必須學會坦然面對——

他對你的情意，

其實遠不如你所想像的那般深厚。

不妨慶幸自己幸運地避開了人生路上的地雷。

經此一番慘痛的教訓，

日後你將更懂得如何辨識並遠離

那些不值得的人。

觀察這一點，
就知道對方是否會離開

請仔細觀察，對方是否屬於比較「膽小」的那種類型。
這裡所謂的「膽小」，其實就是指，
他對於兩人之間可能發生的摩擦或衝突，
是否懷有逃避與畏懼的心態。

有位女子被人戲稱為「資源回收站」，因為她經歷過各種惡劣的分手，如無縫接軌、不告而別、劈腿等，幾乎所有最壞的情況她都遇過。

假如你也曾有過類似的經驗，那麼在展開一段新關係時，請仔細觀察對方是不是一個「膽小」的人。亦即，雙方產生矛盾時，對方願意退讓到何種程度。該如何判斷對方是不是一個害怕衝突的人呢？從他平日與你的言行互動就能感受得到。

以我的情況來舉例。若察覺可能有朋友邀約，我通常會提前告知妻子。假設下週末預計和朋友見面，那麼該怎麼和妻子說較好呢？

①下週末我可能會和朋友見面喝一杯。

②我們下週末有什麼計畫嗎？

正確的做法是第②種。不是和朋友約好了才通知，而是先詢問對方下週有沒有安排，確認沒有特別的計畫後，再問問看：「那我下週可能會和朋友約，可以嗎？」當然，因為我是已婚狀態，所以協調日程時會更加仔細，但在交往階段，也應該養成類似的溝通方式。

為什麼要做到這種程度呢？因為我害怕衝突，不想和心愛之人產生誤會，只希望我們能和睦地共度一生。

「直男」類型的人，行事往往不是商量，而是直接通知對方結果。處於戀愛階段時，這種作風可能會讓另一半覺得很有魄力，能夠獨當一面主導一切，看起來魅力十足。殊不知，這正是陷阱所在。

戀愛與結婚一樣，與日常生活息息相關。所謂「戀愛」，就是不斷調整彼此行程、互相配合的過程。因此，隨著雙方的交往時間愈來愈長，這種獨斷的性格開始讓人感受到壓力，問題就會漸漸浮出檯面。

倘若你發覺自己總是遇上所謂的「渣男」或「渣女」，那麼，或許真有必要反省一下自己：在尋覓伴侶時，是否過分著重外在條件，忽略了對方的個性？而在情感經營中，又是否慣於單方面地付出與奉獻，不自覺地一味迎合對方的所有喜好？

如果過去的你只注重外貌，那麼現在不妨試著多觀察一下其他層面。我在二十多歲時，也曾覺得自己戀愛時遇到的都是「渣女」，直到後來我才發現，是自己特別喜歡那一類的女生——必須盡早認清這一點，方能培養出識人的眼光。

至於為戀人犧牲，這本身並沒有錯，錯的是辜負你的人。不過，一個全心全意付出的人遭受背叛時，受到的打擊與傷害往往更深。因此，如果不想在戀愛中受創，就別將感情毫無保留地傾注到對方身上，希望你能更懂得珍惜自我。

試著讓自己更從容一些，
坦然地去接納對方當下的
所有反應。

男人出軌後
常用的說辭

對男性而言，性關係的有無是一大關鍵。
因此，倘若他已與某位女性發生了親密關係，
那通常意味著，
這名女性在他心中已然具有某種意義。

「男友劈腿了，他和另一個女人過夜，被我逮個正著。當下我直接提分手，但他苦苦哀求，讓我有些動搖。我知道自己不該再繼續這段感情，但內心還是忍不住想：要不要睜一隻眼、閉一隻眼，原諒他一次呢？究竟該怎麼做比較好？」

之所以會產生「要不要原諒他一次」的念頭，是因為你更看重情感上的連結，而非單純的肉體關係。我並不是指女性就不在意身體上的忠誠，而是每個人看重的層面不同，對於大部分的女性來說，情感上的寄託大於肉體關係。

在某些情況下，即使男友劈腿偷吃，女性仍可能覺得男友愛自己勝過小三。

「我真正愛的人是你，跟她只是一夜情的關係而已。」

聽到這種狡辯，明明應該憤怒，但女人若深愛著一個男人，就會相信男人說這句話是出自真心——不，應該說她「說服自己」相信這句話。

當另一半出軌時，男生和女生的反應不太一樣。男性發現自己的女友劈腿，通常最先問的是：

「你跟他上床了嗎？」

相反的，當女性發現自己的男友不忠時，最揪心的往往是這個問題：

「你愛她嗎？」

這就是男人與女人的不同。

對男人來說，性關係的有無非常重要。因此，如果他已經和小三發生關係，那麼不管從哪個角度看，對方在他心中都已具有某種意義。換句話說，「我雖然跟她上床了，但我真正愛的人是你」，這種說法根本自相矛盾。

人，固然可能在缺乏情感連結的狀態下發生性關係，但這絕不意味著，肉體上的出軌行為可以合理化。

男人在做錯事後，很清楚自己要編造哪些說辭，才能博得對方原諒。因此，他們通常會苦苦哀求或道歉，這才是真正讓人害怕的地方。然而，許多人不是沒察覺，就是明明知道真相，卻依舊選擇蒙住雙眼，相信對方的解釋。

這種事情本不該發生，但如果真的不幸遇到，你會做出怎樣的選擇呢？希望你永遠不要忘記這篇內容。

「被分手」後 就必須明白的道理

經常被女方分手的男人、
經常被男方分手的女人，
這兩種境遇，其背後的緣由截然不同。

如果被男人甩了，可以考慮以下兩種可能性：

①對方的心意從一開始就和你不同。

②交往之後，對方仍未從你身上感受到魅力。

這種說法或許看起來很武斷，但大多數的情況確實如此。在一段戀愛當中，若男方單方面提分手，那麼很有可能他早已下定決心。亦即，在交往期間，他隨時想著兩人遲早會分手。

相反的，被分手的那一方，往往從戀愛的起始到結束都充滿真心，未曾有過絲毫改變。因此，當對方提分手時，他們會感到相當委屈，忍不住怨嘆：「我對你這麼好，為什麼還是被甩了？」

經常被女人甩的男人、經常被男人甩的女人，這兩種情況的原因截然不同。如果一個男人總是被分手，可能是因為他太過喜歡對方，導致自己的言行失去魅力。女人和男人不同，即使最初對男方沒有好感，也可能在交往的過程中逐漸被吸引。

反之，男人如果在一開始就感受不到女方的魅力，那麼不管交往多久，這種感覺都很難改變。有些男人會因對方主動追求，或者覺得女方條件不錯，就點頭答應交往。但是，在相處的過程中，他們會因對方缺乏吸引力，最後忍不住提分手。對男人而言，重要的不是女方為感情付出多少，而是交往初期有沒有在對方身上感受到異性的魅力。

因此，如果女性反覆遇到類似的情況，很有可能是因為她總是選擇了那些對自己沒興趣的男人。這類型的女生通常有一個特點：她們認定唯有自己深陷愛情當中，這段關係才算「真正」開始。強烈的情感波動，才能讓她們感覺到自己正在戀愛。不過，如果長期持續這種模式，未來很可能會不斷地重蹈覆轍，經歷類似的失戀痛苦。

如果不想再承受相同的創傷，
就要學會改變自己的戀愛模式——
練習向喜歡我的人敞開心扉吧！

不改變識人的眼光，
未來幾乎可以預見

她始終難以忘懷二十多歲時，

那段既純粹又熾熱的愛戀，

因此，總是回憶起當時的交往對象，

甚至深信不疑，唯有和那樣的人步入婚姻，

方能稱得上是真正的愛情。

「或許難以置信，我和二十幾歲時交往的一個男生，分分合合了數十次。即使後來遇到條件更好的對象，我仍然覺得不滿意，總是想起那位客觀條件不算優秀的前任。有時，我甚至想著能否和他再續前緣，我願意為他付出所有。如今我已三十多歲，也對結婚抱有憧憬，該怎麼做才好呢？」

二十歲時的戀愛，通常只是單純地追求愛情，但到了三十多歲的適婚年齡，擇偶標準會變得更加務實。案例中的女性，始終忘不了自己二十多歲時遇到的對象，時時懷念著那份純粹且熱情的愛戀。她總是想起當時交往的男友，甚至認為必須和這樣的人步入婚姻，才算是真正地嫁給愛情。

許多人都抱有這樣的幻想：結婚，就是和自己最愛的人相守。當然，愛情是婚姻的基礎，但如果忽略其他條件，堅持「只有讓我心動的人才是真愛」，就是一種錯誤的思維。

過於激烈的情感波折，反倒容易成為侵蝕關係的毒藥。若能領悟此點，轉而嘗試一段平穩踏實的愛戀，便會察覺，自己過往過分倚重感覺，識人的眼光也將自然有所改變。

然而，案例中的女性似乎尚未經歷這樣的過程。即使交往的對象受到身邊朋友肯定，她依然覺得不像和前任交往時一樣悸動。但是，穩定不代表冷淡，這樣的關係也同樣屬於愛情。

可惜的是，她一直不願接受平淡的愛，總是將穩定的對象推開，只因他們無法像前男友一樣帶給她波濤洶湧的情感。不過，這些穩重型的男性，反而更有可能成為健康戀愛的伴侶。

期盼她能為自身的「愛情」做出新的詮釋與定義。
所謂「愛情」，本應是多元情感細膩交織的結晶，
不僅須映照「你和我各自獨立的人生」，
更要能讓人共同展望「我們攜手開創的未來」。
倘若在一段感情中迷失了真實的自我，
這樣的愛戀對人生而言，反而有損無益。

但願當事人能盡快體驗到過去未曾領悟的穩定愛情，唯有如此，前任的影子才會從她的人生中徹底消失。與其糾結對方是否深愛自己，不如選擇一個本身就值得尊敬、讓人願意支持的伴侶。戀愛的對象與適合結婚的對象，很可能是完全不同的類型。

挽回對方心意的唯一方法

距離退伍僅剩六個月，
他心中期盼著女友再多等候些時日。
然而，女方內心真正渴求的，
卻是一個「現在」就能陪伴身旁的人。

男子距離退伍只剩六個月，沒想到卻和女友瀕臨了分手危機。女方表示自己這段時間等得太辛苦，提議就此分道揚鑣。還有三天，男子就能離營休假，他們約定好最後再見一面，確認彼此的心意。

雖然現在的服役環境已改善許多，但因為距離遙遠、見面次數受限，所以戀愛關係依舊很難維持。

許多女性認為，
「思念時就能馬上見面」，
是戀愛中非常重要的一部分。

「和戀人分享一天的生活，就算只是一些微不足道的日常，我的心也足以獲得慰藉。假如對方能給予共鳴和理解，並設身處地為我著想，那更是再好不過。可是，男友目前正在當兵，我又能怎麼辦呢……」

對於男方來說，距離退伍「只剩六個月」，他肯定希望女友再等一陣子。但是，不管怎樣動之以情，兩人的戀愛都很可能無法繼續走下去，因為女方真正想要的，是「現在」就能陪在自己身邊的人。

那麼，真的沒有其他辦法了嗎？若休假時有機會見面，切記不要苦苦挽留，可以反過來這麼說：

「你希望男友扮演的角色，是想見面時就能見面，但現實是我還在服役，無法做到這一點。我能理解你的心情，之所以不斷挽留你，說到底都是我太貪心了。六個月的時間，說長不長、說短也不短，這段期間我不會再主動聯繫你。等我退伍後，如果你覺得方便，到時我們再一起吃頓飯吧！」

對方聽完之後，會不會倒抽一口氣，突然回心轉意呢？這種情況，在現實中幾乎不可能發生。但是，她多少會有些錯愕，原本以為你會繼續挽留，沒想到竟如此瀟灑地退場。雖然結尾斷得乾淨俐落，但內心總覺得有些不是滋味，在回家的路上，腦海中肯定會浮現各種小劇場。

「明明是我提的分手，為什麼卻像我被甩了呢？」

在接下來的六個月，她可能會忍不住聯繫你；就算沒有聯繫，也一定會記得你的退伍日期。假如你已經退伍，卻還是沒有消息，她就會開始感到納悶：

「不是說退伍之後要聯絡我嗎？怎麼一點消息都沒有？」

當然，面對心愛之人，很難冷靜地按照上面的說法執行，甚至要強忍著不讓淚水流下。但是，如果你能做到這些，至少在六個月後，你們的關係還有一絲可能性，這是你僅存的最後希望。

你會賭哪一條路呢？是選擇忍下眼前的痛苦與思念，為未來保留一點可能性，還是在情感驅使下拚命挽留對方，結果再也無法回頭？

部隊裡的六個月，感覺特別漫長與煎熬。但請務必記住，你的戀人不會憑空消失，就算她真的與其他人交往，你也可以在退伍後遇見更好的對象。現在，不妨提起勇氣，坦然面對吧！

內心愈是渴望能夠重歸於好，

就愈要沉著，別顯露半分急切。

先讓自己暫且沉靜下來，

仔細觀察對方的真實狀況與心緒。

然後，試著回到原點去思考：

在對方的心目中，那個他所期待的「我」，

究竟是什麼模樣？

期盼與對方順利復合時

即便他對你的信任已跌至谷底，
你也應堅信自己仍有能力挽回頹勢。
倘若你真的選擇無所作為，
那麼這段關係必定就此畫上句點。

「他說，因為我的某些言行讓他愈來愈失望，最後只好選擇分手。我的心裡很難過，但還是不得不尊重並接受對方的決定。分手後，我總是忍不住想起他，渴望恢復這段關係。最近，他剛好換了通訊軟體的個人背景音樂，歌詞明顯流露出對過往戀情的不捨。如果我主動聯繫，他是不是就會重新接受我呢？」

先不說對方是否在等待你的挽留，目前的情勢，看起來像是他在期待你主動聯繫。不過，光靠這些資訊，還無法判斷他是否有復合的意願。在這種情況下，你首先要做的是釐清自身想法，確定自己是不是真心想挽回這段感情。

如果決定聯絡，動作就要快，否則當對方熬過分手的痛苦期，找回內心的平靜，即使你再度闖入他的生活，他也很可能不再對這段感情抱有期待。因此，在他還沒完全整理好情緒，必須透過背景音樂來抒發心境的階段，如果能滿足他的情感需求，你們復合的機率就很高。不過，若對方已遇到新的對象，那不管你再怎麼努力，都不可能有勝算。總而言之，千萬別錯過現在的「時機」。

當對方尚未完全走出這段感情，
仍在梳理自身紛亂情緒之際，
就是你唯一可能動搖其心意的良機。

男人在分手時，也許不見得會親口對女友說，但心裡通常會浮現這樣的想法：

「跟我分手後，你一定找不到比我更好的對象。」

不管這句話是否屬實，男人在一段感情裡，總是認為自己已付出了全部。假如他覺得自己的心意被忽視，或是對方根本不懂，身為男人的自尊心就會瞬間崩塌。因此，唯有理解並認可他的心境，兩人之間才有轉圜的餘地。

你是不是擔心自己在吵架時說的氣話，對方還放在心裡？或者好不容易主動聯繫，萬一沒收到回應怎麼辦？世上本來就沒有百分之百的保障。或許你會想，除非能確認對方的心意，否則不願貿然採取行動。但是，站在對方的立場，絕對沒有這種念頭。倘若復合的意願極高，他早就已和你聯絡，如今只是更換通訊軟體上的個人背景音樂，代表他現在的思緒也相當混亂。因此，如果你的內心已有了答案，請先做好被拒絕的心理準備，率先踏出求和的第一步。

有些人相信能從無到有創造奇蹟，即使可能性是零，他們也覺得自己能讓對方回心轉意；就算已經分手，他們也認為只要自己開口提復合，關係就能回到原點。雖然對方的好感度已從百降到十，甚至是因為倍感失望才導致這種局面，但他們依然有信心把過去的感情找回來。或許這樣的想法很魯莽，但莫名的自信，反而能帶來復合的機會。

相反的，有些人只要覺得機率渺茫，就會陷入裹足不前的狀態。若機率是零，他們會覺得採取任何行動都過於莽撞，於是乾脆什麼都不做。因此，即使想與對方復合，也會希望先有一定的把握後再付諸行動。但是，如果抱著這樣的心態，復合的機率就微乎其微，就算他對你的信任跌到谷底，你也要相信自己有能力挽回頹勢；假如什麼都不做，這段關係肯定就此畫上句點——若不願接受這樣的結果，就別奢望有百分之百的把握才要行動。只要對方留有一絲餘地，結局就可能因你的努力而有所不同。

你該煩惱的重點，不應是「萬一被拒絕了，該怎麼辦？」
而更應是，當兩人得以順利復合之際，
「要讓對方看見自己有哪些具體的改變？」

試著反省一下，自己過去的哪些行為讓對方失望不已，甚至選擇了分手。若能深刻地醒悟並改善，展現出不同於以往的面貌，就有機會重新擄獲對方的心。

如何讓對方
在分手後陷入懊悔

許多人總抱持著一個念頭：倘若我將來事業有成，
那麼分手的對象，便會悔不當初。
殊不知，這樣的想法，實際上不過是天方夜譚。

男子對女友表示，自己在她心中似乎不是第一順位，這點讓他有些遺憾。沒想到，女友卻直接提分手，並向他說道：「你是個很好、很善良的人，以後一定能遇到更合適的對象。」分手後，男子試著結交新朋友、開始運動，積極培養各種興趣，腦海中的她卻始終揮之不去。

這裡有一點需要留意，案例中的女生有過多次戀愛經驗，但對男生而言，這段感情是他的初戀。因此，即使對象是其他女生，他依然會深感痛苦。畢竟人生的第一次分手，總是令人黯然心碎。

當事人也很清楚，女方已不可能再回頭，所以他才會如此煎熬。事實擺在眼前，既然已沒有機會復合，那麼一個人獨自反芻回憶，又能得到些什麼呢？這種痛苦，沒有人能真正理解。分手後所出現的哀痛行為，食不下嚥、借酒澆愁……這些都無人指使，而是本人自己的選擇。

沒有人希望你因此食不下嚥，
也沒有人勸你借酒消愁。
然而，分手後的痛苦，確實容易使人陷入自憐自艾的情緒，
甚至將自己封閉在房內、足不出戶。
只是，這麼做，受傷吃虧的終究還是自己。

有沒有辦法能讓對方後悔呢？很多人在被分手後，都會浮現類似的想法，甚至覺得：「將來如果我事業有成，他一定會後悔！」但老實說，這些想法根本就是天方夜譚。

假如是我主動提分手，或者兩人和平地分開，後來對方在事業上成就斐然，那我只會覺得：「嗯，他本來就很努力，過得好是應該

的。」僅此而已，完全不會感到後悔。如果是我被分手，或者兩人最後鬧得不愉快，看到對方在事業上一飛衝天時，我也只會覺得：「他居然成功了？這個世界真不公平！」

令人遺憾的是，根本不存在任何能讓對方後悔的方法。無論你將來達到多高的成就，對方都不會因此感到絲毫懊惱，更遑論有何手段，能在他心中掀起半分波瀾。

有人說：「分手後別表現得太難過，讓自己看起來幸福一點，這樣對方就會覺得不是滋味。」這種說法也沒有錯，因為人性就是如此。試想一下，假如在分手後，偶然看到對方的社群帳號或個人檔案，結果發現他還沉浸在離別的痛苦中，看起來過得很糟，那麼我們就會出於本能地迴避。

分手之後，本來就沒留下什麼美好回憶，如果對方還持續賣慘，那麼在我們的腦海裡，這個人以後也只會一直過得不幸。

相反的，如果能明顯看出對方過得很好，那麼每當快要忘記這個人的存在時，就會不由自主地去點開他的社群帳號。

若對方看起來很幸福，我們就會開始產生自我否定的心理：「他怎麼可能過得這麼好？」於是，在不知不覺間，會一遍又一遍地去查看對方的近況。

不過，我並不是鼓勵你在分手後裝出幸福的模樣，因為那麼做很容易被看穿。恢復單身後，通常需要經過一段時間的沉澱，才能重新找回個人生活，並且真正地樂在其中。短短幾個月裡，人生就突然變得像童話故事般美好，這在現實生活中根本不合理。

因此，應該試著把眼光放遠，慢慢地調整自我。唯有如此，他才可能產生那麼一絲絲的後悔。不過，真正能做到這一步的人，也不會把報復設為人生目標。因為當一個人認真投入生活，過得多彩多姿時，根本就不會再想起過往分手的對象。

男人在交往前，往往會多方考量；

一旦正式交往，

就會將先前的諸多顧慮拋諸腦後。

正因如此，

男人一旦變了心，

便極難再讓他回心轉意。

Chapter 4

婚姻，一段新的開始

——結婚，不是選擇最愛的對象就好

如何判斷
能否與對方共度一生

所謂的「伴侶福」，

並非指幸運地邂逅一位完美無瑕、家境殷實的對象，

而是那份能與生命中的另一半攜手經營、

共同創造美滿生活的緣分與能力。

人生重要的福分之一，就是所謂的「伴侶福」。不過，此處的「伴侶福」，不是指遇見一個完美無缺、所有條件都具備的對象。真正的夫妻福分，仰賴彼此一起努力經營和創造。

當然，如果能與一個經濟實力雄厚的對象結婚，過上安逸的生活，或許也能稱之為「伴侶福」。然而，俗話說「人生在世，風雨難測」，在生命走向終局之前，我們都無法斷定姻緣的好壞。假如另一半在各方面的條件都遠勝於我，那麼結婚之後，我就必須一直忍受內心的自卑感。

若婚後對方在各方面都表現不錯，唯獨生性多疑、容易陷入執著，這樣還算是有「伴侶福」嗎？或許光是這一點，就足以讓婚姻生活變得不幸。

夫妻生活不睦的人通常有一個共同點，那就是把彼此的付出視為理所當然。另一半外出賺錢或負責家務，並非天經地義的事，而是為了維繫婚姻所付出的努力。若能意識到這一點，看見伴侶每天早晨起床、出門工作的模樣，就會自然而然地心懷感激。

在開導劍拔弩張的情侶或夫妻時，我察覺到一個現象：

女人眼中的男人，往往難以依靠；
男人則是擔心女人背叛或輕蔑自己。

在如此相互防備的前提下，
女人便認定世間再無值得託付終身的良人；
男人亦覺得世上根本沒有所謂「賢妻」。

問題的癥結，不是讓你犧牲自己去成就別人，而是一起成為更好的人，用心維繫這段關係。唯有如此，雙方才能成為彼此最完美的另一半。正如前文所言，幸福的夫妻生活，必須由兩人一起創造。

現代人排斥的
結婚對象

女方其實相當在意，
你是否會要求她一同承擔所謂「孝道」的責任；
因此，若你對原生家庭展現出超乎尋常的關愛與投入，
對戀情恐怕未必有益。

一位由單親媽媽扶養長大的獨生子，隨著年紀漸長，開始覺得自己應該好好照顧獨居的母親，最近也花了許多時間陪伴。他在挑選另一半時，通常格外注重女方是否孝順、是否懂得照顧家人。不過，男方的行為，卻經常讓女友露出失望的情緒。

其實，應該有不少女生一看到「由單親媽媽扶養長大的獨生子」，就避而遠之——尤其這段關係是以結婚為前提的時候。在婚姻中，「孝道」是一個極為敏感的話題，男人若過於在意自己的母親，對另一半來說未必是件好事。

女方之所以如此警戒，背後自然有其道理。這類型的母親，通常會因自己唯一的兒子結婚，產生一種同時失去丈夫和孩子的感覺。這個問題，與母親個性的好壞無關，若同樣身為女性，必能更加理解這種感受。

上一代的生活環境與現今截然不同，
男人必須居中扮演好「調解者」的角色。
所謂的「婆媳矛盾」，
說穿了其實就是男人與母親之間的糾葛。

「我並沒有奢求女友像我一樣孝順媽媽。」有些男人會特別強調這一點，但最後總是愈描愈黑，對女方來說更難接受。此外，在日常生活裡，人們往往會不自覺地講錯話。

「我什麼時候要求你關心我媽了？」若換個角度解讀，這句話會變成：「交往至今，我從來沒覺得你對我媽好過，而且看起來你以後也不會孝順。」那麼，女方就會開始思考：「我真的可以和他結婚嗎？原來他在心裡是這樣評價我的。」

假如你在與女友相處時，會忍不住察言觀色，想著：「如果我說要跟媽媽去吃飯，她會不會不高興？」就代表你們還需要更多的時間磨合。先一步步地鞏固信任，等到開始談論婚嫁時，再具體協調照護父母的方式與程度，那時都還不算太晚。切記，無論如何，這些問題一定要由夫妻倆共同協商。

當雙方的家境與財力相差過大

婚前之所以忐忑不安，

或是婚後之所以顯得卑微畏縮，

最根本的癥結在於，

你認定自己在對方心中並無足夠的份量與地位。

「是他主動追求，我們才開始交往。男友說他已考慮到結婚問題，但不管是職業或家境，他的條件都比我優秀太多，讓我覺得很有壓力。雖然我們彼此相愛，但結婚畢竟是兩個家庭的結合，從現實角度來看，我覺得我們很難走到那一步。若這段感情本來就不可能有結果，是不是趁早放棄比較好？」

女方擔心男友的家人不願接受自己，假如感情發展到談婚論嫁的程度，卻又因這種理由而破局，最後可能只會落得兩敗俱傷。

面對類似的情況，能將風險降到最低的做法，就是盡早與對方的父母見面，並且觀察男友的態度。亦即，他能否堅定立場，不被父母牽著鼻子走。

若交往兩年後才見到男方的父母，結果發現他們對自己不滿意，甚至還須付出額外的努力來改善關係——那麼，隨著年齡增長，女方要承擔的風險也會更大。與其如此，不妨在戀愛初期就先與對方的父母見面，掌握整體情況後，再決定要盡力爭取認同，還是趁早分手為佳。

倘若不想浪費時間，
那麼在遇到讓自己不安的因素時，
就要盡早將其逐一排除。

而值得深思的是，若男友不顧父母反對，依然選擇和你結婚，其中就必定有他堅持的理由。對方的職業是什麼並不重要，婚前之所以感到退卻，或者婚後之所以顯得畏縮，最大的原因，是你認為自己在對方心中沒什麼地位。

就算是全職家庭主婦，也具有一定的份量。如果請成功人士選出擇偶時最看重的條件，大概有許多人會回答：「穩定操持家務，處理好家中的各種問題。」因為他們認為自己賺的錢足夠，只希望找到一個讓自己無後顧之憂、專心工作的伴侶，況且對方在背後默默給予支持，本來就值得感激和尊重。

父母也是一樣，許多長輩對家庭迎來新成員，關心的是對方能否維持家族長期以來奠定的根基，而不是任其崩潰或瓦解。即使男女角色互換也不例外，如果女方的工作能力強，男方亦可在家擔當賢內助；而負責賺錢的一方，同樣可以反過來支持操持家務的另一半。

你應該更有自信一點。
過去的你，已付出了許多努力不是嗎？
未來的你，不是依然會奮力前行嗎？

既然如此，又有什麼好妄自菲薄、感到自卑的呢？
靜下心來想一想，當初對方究竟是為何選擇了你；
有時，坦然地接受伴侶的愛意，又有何妨？

提到金錢在婚姻中的重要性，
其實就是在探討
「婚後該如何維持經濟運作」，
因為婚後的人生十分漫長。

能忍受「週末夫妻」的型態嗎？

若雙方選擇維持週末夫妻的相處模式，
就必須考慮到生育方面可能面臨的困難。
就算夫妻倆全心投入，育兒也不是件容易的事。

當遠距離戀愛的情侶開始考慮結婚時，往往會因居住地和工作問題陷入兩難。舉例來說，女方在首爾上班，而男方的職場則在首都圈以外的地方。如果其中一方可以調職，那問題還算容易解決，否則的話，雙方就只能以週末夫妻的模式生活。

倘若沒有生育計畫，這樣的安排還算可行；但如果有打算生孩子，週末夫妻根本是不可能的選項。從現實角度來看，當孩子出生後，女性的工作必定會出現空白期。因此，考慮到職涯發展，女方自然會對結婚一事陷入猶豫。

如果男方收入較高，甚至已備好婚房，很可能會要求女友放棄工作，搬到首都圈外的城市一起生活。若雙方希望互相尊重，選擇維持週末夫妻的形式，就必須考慮到生育方面可能面臨的困難。育兒本就不是件容易的事，就算夫妻倆全心投入，有時仍需要雙方的父母伸出援手；即便聘請專業的保母幫忙，也還是要親自參與孩子的成長。

就現實層面來看，沒有一個選項能滿足所有的需求。因此，我們必須思考自己的人生要以何者為重，然後果斷放棄那些無法兼顧的部分。

假如兩人缺乏明確的方向就貿然結婚，那麼從生物學的角度來看，懷孕、生產及育兒的過程，母親總是無可避免地要付出更多精力。若選擇週末夫妻的形式，平日由女方獨自照顧孩子，她的生活將會毫無品質可言。就算盡力保有工作，還是有可能影響職涯發展，甚至為此陷入憂鬱。

如果女方選擇放棄工作，搬到男方所在的城市，一樣會有問題需要解決。當女方對事業充滿熱情與衝勁時，這樣的規畫，很可能讓她產生強烈的剝奪感。而且不管是否要繼續工作，她都有可能對異地的生活適應不良。

相反的，如果是男方搬至首爾，也會碰到類似的煩惱。他很可能會不斷思考：這真的是最好的選擇嗎？假如留在原本的公司，會不會比較好？對自己放棄的事物陷入糾結時，就會在生活中埋下難以解決的矛盾。

倘若決定暫時放下事業，轉而以婚姻為重心，便應將此視為人生嶄新的起點。畢竟，一旦走入婚姻生活，勢必面臨更多前所未有的挑戰；若屆時仍一味沉溺過往，不斷以此刻的處境與昔日比較，往後的每一步，都可能走得舉步維艱。

如果彼此真心相愛，渴望步入婚姻，就應該冷靜且務實地分析各種選項的利弊，一起商討出對兩人最有益的方案。

若最後決定維持週末夫妻的形式，那麼一定要先制定出具體的計畫與細則。雖然很殘酷，但事前務必謹慎地思考：誰願意為這段婚姻做出更多的犧牲？

雙方都應當時時提醒自己，
要努力成為一個更好、
更值得被愛的人。

學會用心去經營這段關係，
如此，方能成為彼此眼中那個
「最完美的另一半」。

沒有結果的戀愛

當兩人交往已邁入十多個年頭，
男方卻只是一味要求戀人等待，
始終沒有邁向未來的具體行動，
那麼，這段關係的存續與否，
只能仰仗女方拿出決斷的勇氣。

女方年近四十，與四十歲出頭的男友已經交往了十二年。每當女方提議結婚，男友總是要求她再等一下。於是，她挑明地告訴對方：如果不想結婚，就乾脆分手。沒想到，男方不願意分手，還是要求她繼續等待。已經給了「不結婚就分手」這樣明確的選項，為什麼對方始終無法做出抉擇呢？或許，對男方來說，「分手」這個選項根本就不存在，他想要的只是維持現狀而已。

如果想得到明確結果，
面對優柔寡斷的男性，就不該提供選項，
而是直接決定好了，再告知對方。

當然，在兩人的關係平穩時，千萬別使用這種方式，應該透過溝通來協調雙方的意見。但是，當兩人已經交往十數年，對方卻只是一味地要求等待，完全沒有任何動作時，就只能仰賴女方當機立斷，才有機會打破僵局。

男人如果真心愛一個女人，就不該放任對方錯過適婚年齡，更何況他還一直逃避責任。無論如何，至少應該在女方開口之前，主動做出決定才對。

若將結婚納入考量，
戀愛就有所謂的「期限」；
一旦超過這個「期限」，
就足可認定對方全然缺乏責任感。

如果繼續拖下去，最終可能會無法和心愛之人結婚生子，考量到這一點，就不能任由時間流逝，無視「期限」的問題。尤其當經濟條件許可，也充分做好成家準備時，就更應該慎重地看待結婚時機。

若不想再被牽著鼻子走，那麼女方必須盡快做出決斷。

與目前的對象分手，好像就會錯過適婚年齡

在沒有任何「底氣」的情況下步入婚姻，
人生往往會異常艱辛。
此處所謂的「底氣」，
指的不僅是物質層面的豐裕與否，
更關鍵的，是那份面臨人生困境之際，
仍足以支撐一個人的「內在力量」。

「我們目前正在討論婚事，男友的家人也願意在經濟上提供協助。但是，最近我總是想起昔日交往多年的前男友。現任男友有些暴躁易怒，而且也曾多次在酒後出現暴力傾向。

如今我已滿三十二歲，慢慢地會開始思考婚姻問題，很猶豫自己是不是真的能和眼前的他度過一生。我的年紀也不小了，如果現在和男友分手，還能遇到新的對象，重新展開一段戀情嗎？每當想到這點，我就不知如何是好。」

讓這名女性陷入糾結的原因有二：第一，若與男友分手，自己可能會錯過適婚年齡；第二，男方的父母願意提供經濟支援。

若現在選擇分手，不僅年齡會成為重要的阻礙，她還擔心未來遇到的對象，是否能像現任男友的父母一樣，在經濟方面提供援助。把這種可能性也列入考量，情況就變得更加複雜。

由於女方幾乎沒有存款，
所以無法不考慮經濟方面的現實壓力。
內心深處一旦滋生自卑，
人往往就會更加執著於金錢等外在的條件；
但愈是如此，
這段婚姻潛藏的危機便愈發劇烈。

在沒有任何底氣的情況下結婚，人生會變得非常悲慘。此處的「底氣」，指的不僅僅是物質層面，金錢和社會地位固然重要，但除此之外，還有自尊感、智慧、應對能力等，也就是在面臨困境時足以支撐自我的「內在力量」。

一個人處於自卑和畏縮狀態時，不管做什麼決定，都很難獲得好結果。姑且不論對方的條件，自己就已經讓自己過得不快樂。

當然，當女方告訴男友自己沒有存款時，男友表示「無所謂」，這句「無所謂」應該是出自真心。但是，這僅僅是指「婚前沒存到錢無所謂」，但在結婚之後，或者生孩子之後呢？屆時他還會覺得沒關係嗎？假如男方婚後才開始後悔，屆時這段關係很可能會瀕臨瓦解。

只因父母願意在經濟方面提供協助，就做出結婚這樣的決定，看起來非常冒險——這或許也是男方的缺點。不過，女方表示在交往過程裡，的確看到男友努力改變自己，這一點讓她逐漸動搖。假如對方真的願意改變，那麼選擇一起生活、慢慢改變他的心態，也是一種可行的方式。但是，有一點絕對不能忘記：

一個人必須先擁有扎實的「底氣」，
才可能對他人發揮影響力，
甚至促使對方改變。
倘若自身根基不穩固，
反而可能受到動搖，
絕對無法有效敦促對方做出任何正向的調整。

換句話說，必須讓對方意識到：「她有屬於自己的能力，我不能隨意輕視。」同時，自己也要具備信心：「就算他對我不好，我還是有足夠的實力，照樣能過得很好。」

這就是所謂的「底氣」——亦即，不論對方條件如何，沒有他，你一樣能活得很好。唯有如此，對方才會懂得尊重你。

夫妻生活之所以失和，

往往源於一個共同的盲點：

那便是將彼此的付出與關愛，

全視為理所當然。

為什麼不管對象有多好，都難以走入婚姻？

在觀察過許多情侶後，我深刻地體會到：
無論兩人多般配，
都可能面臨不得不分手的局面。

男方是一名經營遊戲頻道的 YouTuber，每天下班後會花三～四個小時打遊戲，藉此釋放壓力；相反的，女方對電玩不感興趣，所以對男友沉浸在遊戲裡的模樣不以為然，也非常在意和男友一起打遊戲的異性朋友。如今女方已到了適婚年齡，這樣的關係真的有可能走下去嗎？

其實，如果無法理解對方的興趣或愛好，關係本來就很難維持長久，因為自己必須一直努力去體諒對方。與其如此，倒不如認清事實：兩人根本不合適。況且，男方就算知道女友不喜歡自己打遊戲，也沒有意識到她因為這樣的行為感到困擾，甚至已形成一種壓力，因為本人從沒感受過類似的情緒。

相戀期間為遊戲而爭吵，與婚後因遊戲起摩擦，二者在本質上，已是截然不同的層次。

因為婚後就不僅僅是「尊重個人興趣」的問題，而是會實際牽動兩人共同的生活品質。

在還沒結婚時，或許會覺得「電玩是種興趣，理應互相尊重」，但實際上沒那麼容易。而且，當兩人有了孩子後，問題將變得更加棘手。有些人可能會質疑：「如此看待電玩的觀點是否過於負面？」但真正的問題不在於遊戲，而是不管什麼興趣，只要成為另一半的壓力來源，就應該審慎地自我反省。

在觀察過許多情侶後，我深刻地體會到：無論兩人多般配，都可能面臨不得不分手的局面。案例中的女方之所以陷入苦惱，原因就在於男友各方面的條件都不錯，也沒有嚴重到必須馬上分手的理由，導致她難以下決定。

失意之人往往有個共通的特質，那便是他們的煩惱多半「淺薄又漫長」。相對地，真正具建設性的思考，則應當「深刻而果斷」，絕非僅僅流於問題的表象，更不應在猶豫不決中蹉跎時光。

這對情侶交往了一年六個月，雖然不算久，但若一直逃避問題，不深入思考也不做決定，那麼三年、五年、七年……光陰轉瞬即逝。

試著深入思考問題，然後明快地做出決定，別總是想著拖延。我能和這個人結婚，用一輩子去理解、包容他的這些習慣嗎？

攜手一生的伴侶，必須是真正合適的人。無論如何相愛，有些人終究不適合走在一起。如果本質上合不來，那麼不管條件優劣，都很難相守一輩子。因此，必須用深刻而果斷的思考，來確認自己能否接受並理解對方的興趣。

生涯規畫與婚姻之間的抉擇

放任戀情停滯不前的人，
通常只是習慣安於現狀，
所以無法果敢地結束關係。

如果心中有結婚的規畫，就應該適時地做出決斷。
對我的人生而言，哪一種選擇才是最有利的呢？

一對情侶交往了四年，女方二十八歲，男方三十五歲。最近，女方為了準備公務員考試，決定從首爾暫時搬回故鄉，預計待一年半左右。然而，不管是男方或女方，都很難頻繁地往返兩地約會。雖然兩人的關係穩定，但長時間的遠距離戀愛，還是讓女方擔心這段感情會就此終結。她不曉得該如何與男友溝通，才能排解心中的焦慮與不安。

針對類似的煩惱，可以歸納出兩種解決方案：

第一，如果公務員考試對自己的人生來說既重要又迫切，那就必須做好心理準備，接受男友可能會因遠距離而分手。

第二，若無論如何都不想失去目前的對象，那麼可以先和男友結婚，之後再準備公務員考試。但是，男友必須具備足夠的實力，才有可能選這條路。

或許你會覺得，自己還是職場不穩定的考生，若在此時選擇結婚，對男方來說有些抱歉，甚至還顯得很厚臉皮。這些想法，我全都可以理解。

但是，如果想兼顧事業與愛情，就必須意識到自己有立即結婚的必要。唯有如此，才可能在投入公務員考試的同時，也讓戀情開花結果。雖然有些不好意思，但若對方的經濟條件許可，不妨先定下來，再抱著必勝的決心努力準備考試。

能夠選到最佳伴侶，為了實現目標奮力前進，最終達成所願的人，大多懂得狠下心做決斷。換句話說，他們都有明確的目標意識。

既想專心準備考試，又怕因此與戀人漸行漸遠嗎？
如果抱持這樣的心態，那幾乎注定無法得到理想的結果。
因為在意對方而焦慮，讀書時自然就難以專注；

與戀人疏遠的可能性也隨之增高，到頭來，恐怕兩方面都難如己願。

假如對方還沒準備好結婚，我想分手會是更好的選擇。尤其女方才二十幾歲，若兩人都不想走入婚姻，那麼不如果斷地放手，專注於自己的學業。

現在開始準備考試，就算順利考上，存夠結婚資金至少也要三～四年，而且這還是指極力節省開銷的情況。若盡快認清現實，結束這段關係，然後努力朝自己的目標前進，仍有機會迎來新的開始。

有些人強調自己在準備考試，但一拖就是七、八年，還一邊維持著停滯不前的戀情。這樣的人，通常習慣安於現狀，所以無法果斷地結束關係。如果心中有結婚的規畫，就該時刻保持清醒，並在適當的時機做出決斷。

坦然接受「必須分手」的事實，
本就極其痛苦；
然而，這份痛苦的根源，
並非來自「彼此曾真心相愛過」，
而是源於「分開之後，那段未知且難以承受的煎熬」。
正因如此，我們往往本能地選擇逃避，遲遲不願面對。
但這份執著與不捨並非真愛，
而是對改變與未知的心理恐懼。

假如對方願意負擔一切，讓你在婚後專心準備考試，當然沒必要分手。但是，若對方沒有意願結婚，而你又無法結束這段關係，抱著一顆忐忑的心，真的有辦法考上公務員嗎？

即使鼓起勇氣提分手，但只要男友開口挽留，很可能又會被影響，繼續浪費時間。因此，必須先考慮自己到底渴望什麼樣的人生，再下定決心做選擇。

如何分辨對方婚後
會不會走樣

微小的努力，

也足以帶來巨大的幸福；

反之，如果連一點小小的努力都不願付出，

那麼日常的齟齬與不快，便可能在瞬間加劇擴大。

「戀愛時沒有察覺，婚後對方才突然變了樣」，我們經常聽見類似的案例。做出結婚如此重大的決定，才赫然發現對方陌生的一面，這比生活中的任何情況都要令人驚懼。因此，許多人非常好奇：該如何分辨對方婚後會不會走樣？

①不是百分百滿意的對象

挑選結婚對象最難的部分，在於要找到一個各方面都「適中」的人。長相和身高尚可、性格沒有特別的缺點、工作穩定、有一定的存款、無須擔心父母的退休生活……等，同時具備這些條件的對象，根本可遇不可求。

通常在談戀愛時，即使對方現實條件有些不足，我們也會覺得只要夠相愛，就沒有什麼嚴重的問題。直到進入適婚年齡，才發現要找到各方面都適中的結婚對象，其實沒那麼簡單。隨著時間一年又一年地過去，內心的堅持也開始一點一滴地妥協。

然而，問題就在於，當你不怎麼滿意自己選定的對象時，厭棄的情緒會在無意間流露，對方也一定能感受得到。任何人面對被嫌棄的情況，都只會往負面或消極的方向轉變。

因此，建議思考看看心中對另一半的不滿，能否藉由我的努力加以補足；假如我再怎麼付出都無法改變，那麼為了自己的人生著想，應該重新考慮兩人適不適合走入婚姻。

②不願付出努力的人

在與另一半的相處上，有一點我認為自己值得驕傲。我和妻子在一起已經超過八年，直到現在，每當她上車時，我還是會幫她開副駕駛座的門。或許有些人覺得這點小事沒什麼了不起，但這麼多年來，我從未漏掉過一次，甚至連吵架時也會去幫她開車門。

偶爾我也會忍不住想：妻子自己開門好像更快，要不要試一次看看？但實際上我從沒這樣做過，反倒萌生類似的念頭時，我會更加堅持長久以來的習慣，因為這也是一種為關係付出的「努力」。

此外，當妻子說「我被蚊子咬了」，很多時候另一半只會隨口回答：「擦藥就好了。」更冷淡一點的人，甚至可能直接忽略不理。但是，碰到這種情況，我一定會說：「我幫你擦藥，藥放在哪裡？」就算是妻子自己能做到的小事，我仍會主動表現出想為她做點什麼的心意。

當然，正忙於工作時，聽到這類的話有時也會懶得搭理，但我很清楚：微小的努力，也足以帶來巨大的幸福；反之，如果連一點小小的努力都不願付出，那麼日常的齟齬與不快，便可能在瞬間加劇擴大。

這些看似微不足道的行為，其實都是一種「努力」。然而，很多人在交往久了之後，因彼此變得熟悉，就自然而然地省略這些行為。

只要細心觀察，
對方是否真心願意為這段關係付出最基本的努力與維繫，
大致就能判斷，將來步入婚姻之後，
兩人能否真正做到互敬互愛，
攜手共度幸福安穩的生活。

如果有人不斷強調：「婚後還和戀愛時一樣才不正常，不管是誰，結了婚之後都將露出本性。」這樣的心態，等於是在婚前就明確地宣告：「我婚後一定會變。」不是嗎？

③情緒隨著經濟狀況起伏不定

戀愛時就對金錢問題格外敏感的人，婚後情緒起伏往往會更加明顯，因為當壓力和責任感倍增，情緒就更容易表露在外。

舉例來說，手頭不寬裕時，他們可能會變得較為消極，或者碰到一點小事就大發雷霆。在戀愛階段，這些行為或許只是偶爾出現的場面，但在結婚後，同住的另一半必須時刻面對這種情緒起伏，對雙方來說都是一種折磨。

金錢是與現實生活密切相關的問題，在感受到經濟壓力時，維持穩定的心態並不容易，這點一般人都可以理解。尤其必須肩負起一家的經濟重擔，有時會無可避免地陷入焦慮。

不過，這裡要談的重點，是對方會不會因短暫的經濟困難，就產生劇烈的情緒波動？面對艱困的現實生活，他們是否會直接放棄，完全不願意努力看看？

如果在戀愛階段，
發現對方的情緒容易受經濟狀況影響，
那麼，最好審慎評估是否要與對方走入婚姻。

情侶通常是在經濟條件穩定的狀況下，才會談及婚嫁之事；如果雙方都還沒有經濟基礎，很少有人會選擇貿然結婚。因此，婚前所觀察到的另一半，很可能只是他的某一面。過去看到的是對方經濟寬裕的樣子，日後若遭遇財務危機，他又會變成什麼模樣呢？這些除非親身經歷，否則根本無法預知。因此，婚前應盡量透過深入的對話，了解彼此對金錢的想法，這一點非常重要。

當然，現在你可能會覺得「撐過去就好」，但真正面臨困境時會發生什麼狀況，任誰都無法預料。唯一能確定的是，婚前討論過經濟問題的夫妻，與從未預想過最壞情況的夫妻，在面對危機時會產生極大的差異。

比結婚預算
更重要的事

只要具備基本的資金，
以及兩人一起努力賺錢的自信，
婚姻就不再是遙不可及的目標。

「我希望在婚前至少存到兩百萬元。」

許多人在婚前都會抱有這樣的想法，只是訂下的金額不同而已。那麼，究竟要存夠多少錢，才能自信地走入婚姻？一百萬？兩百萬？每個人都有自己的標準，但大多數人即使達到預設目標，在談及婚姻時依舊會陷入迷茫。況且當你存到這筆錢，身邊有沒有適合結婚的對象，都還是個未知數。

當然，經濟條件不容忽視，如果有結婚的打算，就必須努力存錢。但問題在於，有些人對金錢過度執著，以至於忽略其他更重要的層面。如果一心只想著追名逐利，很可能會錯過比金錢更珍貴的事物。

我們常聽已婚人士這麼說：

「婚姻不是單靠金錢來成就。」

「如果錢不夠，婚後再一起努力就好。」
這些話確實有其道理。

只要備好基本的資金、擁有一定的自信，通常都可以順利踏入婚姻。從開始工作到結婚，能存錢的時間有幾年呢？在韓國，大概只有四～五年；就算提早出社會工作，頂多也只有十年左右。但是，從結婚之後直到生命結束為止，至少還要工作三十～四十年；即使過了退休年齡，仍可能繼續工作。因此，與一生的工作時間相比，婚前這短短幾年存的錢，或許沒有想像中那麼重要。如果和不適合的對象結婚，甚至還等於白白浪費掉那筆資金。

強調金錢在婚姻中的重要性，其實是在探討「婚後該如何維持經濟運作」——這才是真正關鍵的問題。

「沒錢所以不結婚」、「我早就放棄結婚了」，說出這種話的人，等同承認自己的未來沒有價值。亦即，往後的日子不會有什麼改變，我的人生也不可能有其他出路，所以乾脆趁早放棄結婚的念頭。

如果兩個人有信心一起努力工作，那麼現在的存款多或少，其實都不是什麼嚴重的問題。當然，備妥基本的結婚資金是好事，但這筆錢對未來生活的影響，並沒有想像中那麼大。

除了少數的上流階層，一般人的生活其實大同小異，別說現金存款超過兩百萬元，光是不被債務追著跑，就已算非常幸運。那麼，這些人會後悔結婚嗎？答案是：不會。

或許沒有特別富裕，但他們依然能在生活中找到幸福。結婚之後，會經歷許多未曾遇到過、意想不到的情況，但是，我們會在解決困難的過程中蛻變，體會到前所未有的成就與幸福。我也是在結婚之後，才真正覺得「沒有什麼事是我做不到的」。

與結婚資金相較，
更重要的，其實是合適的「對象」和恰當的「時機」。
能遇見一位心靈契合之人，
實乃奇蹟般難得的緣分；
請不要過於猶豫，因而錯失了眼前的對象，
應當果斷把握，抓緊這份良緣。

我們必須認真地思考：自己是不是被狹隘的思維困住，以至於看不見其他可能的選項。

所有關係都講求付出和回報，

永遠別忘了，表達歉意與謝意，

才是比愛情更重要的事。

婚姻不是尋找伴侶，而是創造伴侶

值得交往的對象，

通常不會試圖控制自己心愛的人。

女性在適婚年齡尋覓伴侶時，經常想著「要找到一個合適的結婚對象」，而問題也就此產生。

首先，所有條件都具備的男人十分罕見，在尋找的過程可能會浪費太多時間。即使在某些層面上稍作妥協，最終踏進婚姻關卡前，依然會受到現實衝擊。因此，與其堅持這種對自己不一定有利的觀點，不如試試看轉換想法：

「我能否將自己喜歡的男人，變成適合結婚的對象？」

當然，這個目標是有可能實現的，但必須記住以下三點：

①交往初期，感情比現實更重要

隨著年齡增長，我們會變得更加謹慎，面對新戀情容易陷入猶豫。因為時間愈來愈有限，所以選擇時必須加倍慎重。這時，女性通常在交往初期，就會希望男方針對兩人的未來明確表態。

不過，男性隨著年齡增長，反而害怕成為女方的「第一個」或「最後一個」戀愛對象。雖然有些人覺得榮登對方的初戀是件好事，但內心難免感到負擔；同樣地，成為女方「最後一個男友」，也會讓人覺得壓力沉重。

假如在交往初期，就讓男方感受到你很在意「結婚與否」，他可能會擔心「我是不是一定要對這個女生負責到底」，被責任感壓得喘不過氣。

每個人都會把「好感度」擺第一，
因此，在戀愛初期，
最重要的是營造出輕鬆愉悅的氛圍，
讓對方能專注於「情感」本身。

站在女方的立場，可能會擔心：「萬一談了幾年戀愛就分手，還不是只有我在年齡上吃虧，到時候該怎麼辦？」這就是我們接下來要探討的第二點。

②談一場舒心且穩定的戀愛

先別考慮太多，重要的是讓自己能輕鬆自在地談一場戀愛。接著，嘗試把這段感情的主導權交給對方，然後觀察他的態度。

值得交往的對象，通常不會試圖控制自己心愛的人。假如你把主導權交出去之後，關係卻開始往預期之外的方向走，那麼就要懂得適時為戀情畫下句點。若你一直受對方牽引，遲遲無法下定決心，最終只會浪費自己的大好青春。

③別過度計較對方的家庭背景

男方的家庭環境太差，當然會產生狀況，但如果對方只仰賴父母的經濟支援，本身一點能力也沒有，那才是真正嚴重的問題。

許多人認為：「比起貧窮的婆家，經濟狀況有一定水準不是比較好嗎？」但是，如果你的伴侶能力不足，和家裡的背景條件落差甚大，你可能就得一輩子看婆家的臉色過日子。

千萬別與凡事都得看父母臉色的人結婚，
未來的公婆必須懂得認可並支持子女，
夫妻倆的婚姻生活才有可能過得幸福。

如果對方的家庭環境優渥，男方在經濟上獲得了援助，很多時候就無法輕易在父母面前表達意見。如此一來，你可能會變成夾心餅乾，同時要看婆家和丈夫的臉色；反之，如果另一半工作能力很強，就不太會遇到類似的情況。

後悔結婚的關鍵原因

「大概是我想太多吧？
婚前誰不會感到焦慮呢？
沒問題的，就和他結婚吧。」

婚後過得不幸福的夫妻，幾乎都有一個共同點：在婚前就隱約覺得不對勁，但最後還是睜一隻眼、閉一隻眼地結婚。

「怎麼可能？畢竟是人生大事，若真的有問題，當時應該會喊停吧？」旁觀者或許會這麼想，但當事人身處其中，往往無法做出理性的判斷。例如兩人交往的時間很長、雙方的父母已經見過面，或者身邊的親朋好友都認定你們會攜手終生……等，種種的外在因素，都讓人難以停下來止損。「走到這一步，後悔好像來不及了」，所以就算內心有些勉強，仍選擇繼續辦理婚事。

尤其到了適婚年齡，在考慮要不要分手時，內心難免陷入糾結。如果下一段戀情遇到合適的對象，當然非常幸運；倘若遇不到對的人，很可能會開始自責，覺得當初就不應該悔婚。

「大概是我想太多吧？婚前誰不會感到焦慮呢？沒問題的，就和他結婚吧。」很多人最後會順著這樣的思緒，勉為其難地走入婚姻。

若從離婚率來看，結婚不到三年的夫妻，分開的機率遠比結婚十五年、二十年以上的夫妻還要高。

婚後，人生就再也沒有其他異性選項，想到要與眼前這個人共度一生，內心就忍不住感到煩悶與焦躁。比起努力經營婚姻，現在有愈來愈多人選擇放棄，回歸單身生活。

和交往時相比，婚後反而會更難忍受或包容對方。那些婚姻維持了二十年以上的夫妻，已度過磨合的階段，不管基於什麼理由，他們都撐了過來，所以才沒有走上離婚一途。

相較之下，剛結婚不久的夫妻，因為還不夠了解彼此，所以容易對另一半產生不滿。當兩人開始顯露出負面情緒，爭吵就會變得頻繁，進而懷疑自己為什麼要結婚。

最終，許多男人對妻子的感情逐漸冷卻，開始將妻子視為「孩子的媽媽」，而不是一名「女人」。對妻子的期待，也從伴侶轉變為母親的角色。

但是，如果男人只把妻子當成孩子的母親，隨著孩子長大，兩人的爭吵會愈來愈頻繁。反之，如果男人依舊將妻子視為女人，並優先考慮妻子的需求，爭吵的次數就會減少。

男人應該把妻子視為「女人」，而不只是「孩子的母親」；女人也應該把丈夫視為「男人」，而不只是「孩子的父親」。換言之，夫妻必須優先重視彼此的想法和需求，如此一來，孩子在耳濡目染下，也會跟著效仿父母的行為。

國家圖書館出版品預行編目資料

你的愛情需要人間清醒：寫給每個在愛裡迷路的大人，50 則停止內耗的戀愛心法 / 金月（김달）著；張召儀譯 .-- 初版 . -- 臺北市：日月文化出版股份有限公司，2025.07
288 面；13*19 公分 . --（大好時光；96）
譯自：사랑에 관한 거의 모든 기술
ISBN 978-626-7641-66-8（平裝）
1. 兩性關係 2. 戀愛心理學
544.7　　114006392

大好時光 96

你的愛情需要人間清醒

寫給每個在愛裡迷路的大人，50 則停止內耗的戀愛心法

사랑에 관한 거의 모든 기술

作　　者：金月（김달）
譯　　者：張召儀
主　　編：俞聖柔
校　　對：俞聖柔、張召儀
封面設計：之一設計工作室／鄭婷之
美術設計：LittleWork 編輯設計室

發 行 人：洪祺祥
副總經理：洪偉傑
副總編輯：謝美玲
法律顧問：建大法律事務所
財務顧問：高威會計師事務所
出　　版：日月文化出版股份有限公司
製　　作：大好書屋
地　　址：台北市信義路三段 151 號 8 樓
電　　話：（02）2708-5509　傳　　真：（02）2708-6157
客服信箱：service@heliopolis.com.tw
網　　址：www.heliopolis.com.tw
郵撥帳號：19716071 日月文化出版股份有限公司

總 經 銷：聯合發行股份有限公司
電　　話：（02）2917-8022　傳　　真：（02）2915-7212
印　　刷：軒承彩色印刷製版股份有限公司
初　　版：2025 年 7 月
定　　價：380 元
I S B N：978-626-7641-66-8

사랑에 관한 거의 모든 기술
（The Art of Loving Well）
Copyright © 2023 by 김달（Kim Dal, 金月）
All rights reserved.
Complex Chinese Copyright © 2025 by Heliopolis Culture Group Co., Ltd
Complex Chinese translation Copyright is arranged with BIGFISH BOOKS Inc.
through Eric Yang Agency

◎版權所有，翻印必究
◎本書如有缺頁、破損、裝訂錯誤，請寄回本公司更換

日月文化集團
HELIOPOLIS
CULTURE GROUP

客服專線 02-2708-5509
客服傳真 02-2708-6157
客服信箱 service@heliopolis.com.tw

廣告回函
台灣北區郵政管理局登記證
北台字第 000370 號
免貼郵票

日月文化集團 讀者服務部 收

10658 台北市信義路三段151號8樓

對折黏貼後，即可直接郵寄

日月文化網址：**www.heliopolis.com.tw**

最新消息、活動，請參考 FB 粉絲團

大量訂購，另有折扣優惠，請洽客服中心（詳見本頁上方所示連絡方式）。

大好書屋　寶鼎出版　山岳文化

EZ TALK　EZ Japan　EZ Korea

大好書屋・寶鼎出版・山岳文化・洪圖出版 EZ叢書館 EZKorea EZTALK EZJapan

日月文化集團
HELIOPOLIS
CULTURE GROUP

感謝您購買 你的愛情需要人間清醒

為提供完整服務與快速資訊，請詳細填寫以下資料，傳真至02-2708-6157或免貼郵票寄回，我們將不定期提供您最新資訊及最新優惠。

1. 姓名：＿＿＿＿＿＿＿＿ 性別：□男 □女
2. 生日：＿＿＿年＿＿＿月＿＿＿日 職業：
3. 電話：（請務必填寫一種聯絡方式）
（日）＿＿＿＿＿＿（夜）＿＿＿＿＿＿（手機）＿＿＿＿＿＿
4. 地址：□□□
5. 電子信箱：
6. 您從何處購買此書？□＿＿＿＿＿＿縣/市＿＿＿＿＿＿書店/量販超商
□＿＿＿＿＿＿網路書店 □書展 □郵購 □其他
7. 您何時購買此書？ 年 月 日
8. 您購買此書的原因：（可複選）
□對書的主題有興趣 □作者 □出版社 □工作所需 □生活所需
□資訊豐富 □價格合理（若不合理，您覺得合理價格應為＿＿＿＿＿）
□封面/版面編排 □其他＿＿＿＿＿＿
9. 您從何處得知這本書的消息： □書店 □網路／電子報 □量販超商 □報紙
□雜誌 □廣播 □電視 □他人推薦 □其他
10. 您對本書的評價：（1.非常滿意 2.滿意 3.普通 4.不滿意 5.非常不滿意）
書名＿＿＿ 內容＿＿＿ 封面設計＿＿＿ 版面編排＿＿＿ 文/譯筆＿＿＿
11. 您通常以何種方式購書？□書店 □網路 □傳真訂購 □郵政劃撥 □其他
12. 您最喜歡在何處買書？
□＿＿＿＿＿＿縣/市＿＿＿＿＿＿書店/量販超商 □網路書店
13. 您希望我們未來出版何種主題的書？＿＿＿＿＿＿
14. 您認為本書還須改進的地方？提供我們的建議？

生命，因閱讀而大好